高校生ものづくりの魅力

実感のある学びで社会とつながる

技術教育研究会・編

一藝社

はじめに

「ウチの子の高校どうしよう？　とりあえず普通高校？」

本書は「可愛い我が子だからこそ、とりあえず普通高校へ」と思う親御さんと、進路指導に携わる中学校の先生方等に向けて書きました。我が子・教え子の可能性のために、高校選びの幅を広げてみてはいかがでしょうか？工業高校や農業高校からも大学に進学できます。何より、ご自身がこれら専門高校を卒業した親御さんたちは、自分の子どもにも同じ高校への進学をすすめます。なぜでしょう？　それはおそらく、「将来の進路を狭める」という一般にもたれがちな不安よりも、そこでの学びが自分を成長させてくれた確かな実感の方が大きいからでしょう。

受験教科に学ぶ意味を感じられない子どもに

「数学嫌い！　意味あるの？　織田信長なんて会ったことないし。覚えて何になるの？」学ぶ意味を感じられずに〝学ばされている〟状態の子どもにとって、受験教科の勉強は苦痛以外の何物でもないでしょう。その先には成績順で輪切りにされた結果としての高校選択。子どもの可能性ってそんなものでしょうか。中身が知りたくてものを壊してしまう子、博物館に行くと帰りたがらない子……。個性をもつ子どもには、大きな可能性が秘められているはず。受験教科中心の学びの中では、親も子ども自身も、その可能性に気づく場に出会えなかっただけかもしれません。「ウチの子も興味あることが見つかれば、何かきっかけがあれば頑張れるのかも」しれません。

本書で、高校生が学ぶ意味をつかみ、学ぶことを楽しみ、自分を知り、周りの子どもや教師とともに成長し、自分への自信と誇りをもって、将来へと自ら一歩踏み出していく姿をご覧になってください。

ものづくりが学ぶ意味をとりもどす

社会の営みを大きく反映している〝ものづくり〟。リアルな製品や生産物として成果にあらわれるため、受験教科と比べて、学ぶ意味やその必要性が見えやすいといえます。本格的なものづくりを目の当たりにし、「私もつくってみたい、もっとうまくつくれるようになりたい」という欲求に導かれ、学ぶ意味を納得して知識や技を積み上げ、それを最大限に活かして試行錯誤しながら、つくり上げていきます。プロセスの中で、本物をつくり出す人々の技や仕事に触れることで社会とのつながりが見え、ものをつくり上げられる自分に確かな成長を感じ、自分の興味、向いている世界、可能性に気づきます。その力は受験教科を学ぶ意味をつかむことにもたどり着き、将来を見据えた自らの糧として真剣に学ぶようになります。こうした学びが、〝ものづくり〟には秘められているのです。

社会に一歩踏み出す自信と力を育む

すべての高校でものづくりのもつ教育的価値を共有できたら……ものづくりを経て、本物を、社会を知ることで、子どもたちは受験教科の学びを含めて、もっと思い通りに羽ばたいていけるはずです。世界的には、ものづくりを学べる高校に通う子どもが大半です。日本でも、ものづくりを取り入れている普通高校があります。そこには勉強が苦手で自信をなくしている子どもが、社会とつながるものづくりの経験を経て、「将来やりたい仕事ができるように頑張ろう」と決意を新たにしていく姿があります。

〝ものづくり〟という実感ある学びによって、自信と力を蓄え、未来を創る担い手として歩み始める高校生のリアルな姿を紹介します。高校選択、進路指導の参考になれば幸いです。

（平舘善明）

もくじ

●表紙デザイン：アトリエ・プラン

第1章　親の目から見た、農業系専門高校で学ぶ高校生

1　学ぶ姿をそばで見て

この章では専門高校※1に子どもを通わせる親の立場から見た、子どもの学びについて、中学校から専門高校を進路として選択するところから、実際に通うまでを描いてみました。

子どもを通して見た専門高校は、思った以上に子どもを育ててくれる場でした。個人的な事例ではありますが、子どもが専門高校に行くことによって成長していく様子、あまり知られていない専門高校での学びを、広くさまざまな人にわかって欲しいと願います。

中学校までは、あまり勉強ができるほうではなく、のんびりと育っていた子どもが、専門高校で、しっかりと自身の考えを持つようになっていきました。

農業系高校の実習成果

2 「えっ？ 専門高校？」

中学生が進学先の高校を決める時、何を基準に学校を選び、決めているのでしょうか。その際、多くの子どもは、高校で学ぶ内容はあまり考えてはいないのではないでしょうか。高校で学ぶ内容を考えなくても、進学先の高校を選択することはできます。多くが高校の普通科に進学して、中学校までと同じような教育課程で、同じような内容を学ぶことになるからではないでしょうか。

実際、娘が通っていた中学校では3年生の生徒60名近くのうち、専門高校に進学した生徒は、娘を入れてわずか2名でした。他の生徒は、すべて普通科に進学しました。普通科では、中学と同じような教科の勉強ができて、その先大学に進学して、就職していくという漠然とした進路を描いています。中には、部活動や学校の催しに期待している生徒がいるかもしれませんが「この高校に入って、この学科を学ぶ」という意識で高校を選択する生徒はまずいないでしょう。専門高校を進路として選択する生徒は非常に少なくなってしまいます。

娘も最初はそうでした。親が「専門高校というのがあって、それも選択肢の一つだ」という話をしても、まったく眼中にありませんでした。むしろ「専門高校なんて……あり得ないし」と否定的に見ていました。このように、多くの子どもは専門高校を進学先として選ぶことすら考えていないのではないでしょうか。子どもや親は専門高校についての知識がほとんどありません。子どもだけではなく、中学校の教員も専門高校に関する知識が少ない状態で、中学生やその親に対して専門高校を紹介することができないのではないだろうかと思います。

専門高校は入り口以前ですでに知られていない、相手にされていないと言ってしまうといいすぎでしょうか。とても残念なことです。それは、専門高校に進学したからこそ伸びる子どもの可能性を奪っていることになります。中学生やその親に対して、専門高校についての知識を持ってもらう機会をもっと増やしていく必要があると思います。

3 三者面談をうけて

中学校で進路相談をする場合、通例「三者面談」というものが開かれます。これは、親・教師・中学生本人の三者が集まって進学先を決める相談会です。我が家の場合、三者面談で「この成績では行ける学校がない」と担任の先生から言われました。娘の成績は良くないと思っていたのですが、そこまでひどいとは思っていなかったので、正直少しショックでした。ところが、本人は、「先生はあんなこと言ってたけれど、去年の先輩だってどうにかなったし、私もどうにかなる」と気楽に思っていたようでした。現実には、先生のご尽力により、子どもが言うようにその先輩は何とかなったようでした。

娘といっしょに成績よりも人柄を重視してくれるような学校を探し、相談会に出かけました。そこで娘は、体験授業でペットボトルロケットを飛ばす理科の講座を受けていました。その学校は、授業の様子を親も参観させてもらえました。娘と同じグループになった男の子が何も話をしてくれない寡黙な子だったため、最初困っていた様子でしたが、その子に作業を選択するように仕向けて、その子が話さなくても何かに手を出せるようにしたり、道具をわたしたりして、その子が作業することで、授業に参加できるようにしていました。私は、娘はこんなにコミュニケーションをとる力があるのだということを改めて認識しました。

ところが、この学校でも「この成績では推薦としては受け入れることはできない」旨の話をされました。もちろん、一般受験ではどうなるかわかりません。親はハラハラしていたのですが、子どもの方は、案内してくれた高校生と仲良くなって「ここなら行ってもいいかも」という気持ちになったようでした。子どもは、その高校にあった「選択教科」に興味をもって、いろいろと高校生にたずねていました。その時、私は自分の子どもが食べ物に興味をもっていることを初めて知りました。

4 体験入学が進路の決め手

食べ物に興味があるというのなら、専門高校で食品を扱う学びができる学校があるということを話しました。するとその学校も見てみようということになりました。ともかく、体験入学に行ってみたらどうだろうかと勧めて、6月に農業系の専門高校の体験入学に行ってみることにしたのです。親も子どもも「まさか」の展開です。「あり得ない」と言っていた専門高校に行ってみる気持ちになったのですから。よく聞いてみると、娘は、農業系の専門高校は、田んぼや畑のことしか勉強しないと思っていたようでした。

体験入学では、うどんをつくってきました。体験入学から帰ってくると、よかったと言っていました。何がよかったのかはうまく言葉にできるような子どもではないのでわからなかったのですが、その時はとにかくおもしろかったという感想でした。そして、自分が学びたいことが学べる学校として、この専門高校を目指して勉強する気になったようでした。

娘は日常的な勉強はほとんどしません。「歴史ってなんで勉強しなくちゃなんないの。織田信長なんて会ったこともないし」という始末です。小学校の頃は、算数がわからなくて窓からボーッと外を眺めていたような子どもでした。ノートはきちんととることができ、字もそこそこ綺麗に書くことができるので、一見、学力が高いように見えるのですが、実はそうではありません。そのギャップに先生からは「さぼっている」と受けとめられがちな子どもでした。そのような先生の誤解を娘はとても嫌がっていました。ところが、行きたい学校ができたとたんに勉強するようになったのです。

しかし、これまで勉強したことがなかったので、成績は惨憺たるものでした。「勉強する」といっても何をすればいいのかわからないと言うのです。そこで、塾に通うことにして入塾試験を受けました。試験後に、親が塾長に言われたのは「お父さん、びっくりするほど（お子さんは勉強が）できません」という言葉でした。「問題がわかっていないようではないのですが、解答欄に解答が書けません。解答欄にきちんと解答が書ければ、それだけでも点数が上がりますよ」という状態だったのです。そこで、個別指導をお願いして、もう一度ゆっくりと学び直すことにしました。

娘は自分がやりたいことをやるといった目的が見えるようになると、猛烈に勉強を始めるようになりました。特に夏休みは、一日9時間くらい勉強していました。これまでにない変わりようでした。この頃から、模擬テストなどの進学志望先に、体験入学に行った専門高校の名前を書くようになりました。

勉強の成果が出たのか、2学期には目指す専門高校を受験することができるような成績になりました。受験当日は妙に落ち着いていました。本人曰く「今更焦ってもしょうがないでしょ」。そのせいなのか、試験の結果は極めて良好でした。特にいつもできなかった英語がよくできたので、塾で一番肩身の狭い思いをしていた英語の講師の先生が、とても喜んでくれたことを、嬉しそうに話してくれました。私は、この子なりに自分が勉強できないことを申し訳なく思っていたということを知りました。

結果、めでたく、目指す専門高校へ入学することができました。

5 入学後の学校からの説明

入学式から専門高校の色が濃く出ていました。伝統がある学校ということで、卒業生の会の代表の挨拶があったのですが、これが壇上に飾ってある盆栽の評価の話から始まるのです。盆栽や庭造りをする学科があるようで、今年の作品はよくできているという旨の話が挨拶の中心でした。ＰＴＡ会長の言葉も、この学校は体力勝負、実習が多いから必ず朝ご飯を食べてくるように、という話だけでした。通常の普通科の高校のような堅い印象を受ける形式的な祝辞と違って、実際的な内容の祝辞でおもしろいと思いました。

入学してから、保護者会があり、その折に、保護者に対して学校の説明がされました。先生が親を連れて校内を案内してくださるツアーという形をとっていました。顕微鏡室、化学実験室、食品加工室、パンを焼く釜のある実習室など、たくさんの実験・実習室がありました。屋外にも畑や演習場などがあります。驚いたのは、食品加工の実習室に「営業許可証」が貼ってあったことでした。そのことについて質問すると「専門高校では実際に営業できるレベルの製品をつくるまで学習することになるので『営業許可証』が必要なのです」という説明を受けました。なるほど、専門高校は、まさに職業と直結した内容を学ぶのだということがよくわかりました。巷の料理教室と異なり、学校で学ぶことが社会や職業と結びついていることが親にも見えてきました。

保護者の中には、学校についてよく知っている方が多くおりました。きょうだいでこの学校に通わせているとか、保護者自身がこの学校の出身者であるという方が多かったからです。

「子どもがこの学科に通うと、いろいろな物を持って帰ってくるから楽しみですよ」「食品衛生について学ぶので、台所が綺麗になりますよ」「学園祭がとっても楽しいですよ。早く行かないと販売品なんて、全部売り切れちゃいますよ」と先輩保護者から、初めて子どもをこの学校に通わせることになった保護者にレクチャーがありました。先輩保護者からの話のほとんどが、専門学科の学びに関することでした。それを聞いているだけでも、この学校が楽しそうなところだということが伝わってきました。

学園祭の販売品には長蛇の列

保護者会では、学級担任から最初に「わたしがこのクラスを3年間担任します」と宣言されました。私は先生の異動というのがないのだろうかと思い尋ねてみると、専門教科の先生は、同じ学科を有している学校がほとんどないために、異動が少ないということでした。この学校に20年以上勤務している先生がかなりの数になるということでした。

娘は入学してすぐ、これまでの学校と違うことに戸惑い、驚いていました。

そのひとつが、先生紹介です。これまでの中学校の先生紹介といえば、紹介されるのは学級担任・学年の先生くらいでした。ところが、専門高校では、学級担任の他に通常の教科の担任、専門教科の担任、さらに実習の助手という多くの先生がいらっしゃいます。また、紹介の場では、上級生が自由に反応しているというのです。中学校の時のように、全員が静粛にしているのではなく、先生が紹介されるたびに生徒が大きな声で一喜一憂するという具合だと言うのです。「わたしは英語が苦手です」といった先生がいたら、生徒の方から大きな声で「おれもだよー」と声がかかるというのです。先生方も自由で、騒いでいる生徒を注意するわけではなく、紹介されて、生徒が反応すると、舞台の上で笑いながら手を振っているという始末。そういった自由な雰囲気であることや「実習助手」という新しい立場の先生などたくさんの先生がいらっしゃることに戸惑いながらも、専門高校の学びに期待を持っているようでした。この後、実習助手の先生にはとてもお世話になり、その知識と技能の高

さまざまな種類の野菜を敷地内の畑で栽培

さに驚いていました。顕微鏡室に行くと一日中顕微鏡を見ている先生がいたり、黒板に描く絵が極めて緻密な先生がいたりと、先生の個性の強さにも驚いていました。

また、担任の他に専門教科の先生が副担任となって、レポートの作成や提出物の管理をしてくださるということでした。そのため、さぼっていたり、わからないままにほうっておいたりすると、たちまち副担任の先生に呼び出されて、きちんと指導され、学習させられるというサポート体制が整えられているということでした。そのせいか、勉強ができないことで困る生徒はあまりいないということでした。

6 同級生の学び方に驚く

同級生の学び方にも驚いていました。実習ではまごまごしていると、つぎつぎと周りの生徒が手を出して、仕事を取り上げられてしまうと言うのです。もともと専門的なことを学びたいという意欲の高い生徒が多いためか、実習ではやることが取り合いになるようでした。一方、専門教科以外の教科の学びのモチベーションはあまり高くないようでした。娘は、そうした同級生の学び様がこれまでの自分の学びと合っていたようでした。

同級生には個性の強い生徒がいると言っていました。例えば、鳩を肩に乗せて登校したり、お菓子を手作りして毎日配りに来る子がいたりするらしいのです。ほとんどの生徒が、中学生の頃はあまりいい成績ではなかったということでした。しかし、多くの高校がそうであるように、いわゆる偏差値で輪切りにされて、同様の振る舞い方を身につけている集団が形成された学校ではなく、この学校に来ている生徒の多くは、成績はふるわなかったもののこの学校が提供する専門性に関心を持って進学してきています。娘が進学した専門高校では、先生も生徒も個性的であって、クラスも豊かな集団となるのではないだろうかと思いました。

そのような中、突然、我が娘が「お父さん、『天然』って何?」と聞いてきたことがありました。私が「人のことでいうなら、ボーッとしているとか、話の脈絡を上手く理解できないような、マイペースでいる人のことかな」というと「それって悪口じゃん」と言っていました。娘は「私、学校でよく『天然』って言われる」というのです。それがどのような意味かわからず、言われてもニコニコしていたらしいです。

7 専門的な学びが始まる

娘は、まさに「天然」なので、初めての実習の授業に実習用の白衣ではなく、ジャージで行ったということでした。そのため、「次からはそんなことでは実習室に入れない」と酷く叱られたと言っていました。「実習」と聞いたので本人なりに準備していったつもりでいたのです。「実習」という言葉の響きだけで、何をするかを考えずにいたこれまでの様子がよく反映されているなと思いました。このあたりが「天然」と言われる所以ではないでしょうか。一方で、これまで娘が受けてきた教育がいかに形式的な振る舞い方を要求していたかが見えるエピソードでもあるかと思います。

初めての食に関する専門的な実習の授業では、手の洗い方から学んだと言っていました。習った通りに手を洗ってから、手が洗えたかどうかを調べる装置にかけて検証します。その結果、完全にきれいに洗えるまで、手洗いを何度も繰り返すのです。手の皮がむけそうになるくらいまで洗うと言っていました。娘は、そうした基礎の基礎から徹底的に学ばされる専門高校の学びをとても楽しんでいました。この高校では、専門的な内容への入門時の学びは、誰にもできるけれど、きちんと結果を出すまでやらなければならない仕組みになっていました。そのことが誰にもわかるように、明確な到達目標が示されていました。基礎的な内容から、順に高度な内容へと教育課程が編成されているため、生徒は自身でやるべきことを把握し、学ぶべき内容に向けて意欲的に学ぶことができるのだと思いました。専門的であるが故に、社会に出て通用するレベルに到達するまできちんと学ぶといった厳しく高度で難しい内容になっていくにも関わらず、生徒がいきいきと取り組むようになるという教育課程が用意されています。

ところが、娘の入学時から教育課程が編成し直されて、実習が減ってしまったということでした。以前は一から実施したものも、仕込みがしてある状態から始めるものも少なくないそうです。実習に当てる予算が少なくなったことや、実習そのものが減らされてきているという傾向にあるそうです。親からすると残念なことと思います。

8 校則には理由がある

娘は、中学校までは、学校の規則には合理的な理由があるとは思っていませんでした。小学生の時に、学校のきまりについて、「どうしてそのように振る舞わなければならないのか」と理由について質問したことがあるらしいのです。すると、担任の先生から、そうした理屈はいいからきまりを守るように厳しく叱られたそうです。この体験があってから、学校の規則の理由を追求してはいけないというように思ってしまったのです。娘だけではなく、周りの子どもも、学校の規則には理由なく守るものであり、それに対して疑問を抱いてはいけないということが、いわば当たり前になっていたということでした。

ところが、専門高校に入ると、規則には理由があることが説明されたと言っていました。ただし、学科の特徴によって理由が異なるというのです。

例えば、食品に関する学科では異物混入がわからなくなるので髪の毛を染めることは厳禁なのですが、緑地環境を学ぶ学科では、木に登っている際に下から見ても目立つのでかまわないらしいというのです。マニキュアについても食品や園芸を扱う学科では、触ったものに影響が出る可能性があるため厳禁なのですが、その他の学科ではかまわない。上履きを履かずに廊下を歩いていたら、まず、「君は何科だ?」と学科を尋ねられ、食品科だと言うと「そんな衛生観念のないことではだめだ」と、学科によって異なる理由で叱られるというのです。学校でのきまりが、すべて学ぶ学科の内容によって合理的に説明されています。

こうした学校のあり方に娘は「お父さん、校則って理由があったんだね」と、これまでの価値観と異なる世界が広がったようで、驚くとともに喜んでいました。同時に、これまで自分が思い描いていた姿と異なる姿を描き出している学校に入学できたことをとても喜んでいました。専門高校の世界は、娘にとっても、親にとっても驚きの世界が広がっていました。

9 専門的な学びのおもしろさと奥深さ

その後、専門的な実習の成果を家に持ち帰ってくるようになりました。トマトを持って帰ってきたときのこと、そのトマトは、通常市販されているものとは異なり、かなり熟していて柔らかいのです。聞いてみると「トマトケチャップの材料として使うためのものだ」ということでした。

その他にもいろいろと、自分たちで栽培した野菜を持って帰ってくるのですが、すべて通常市販されているものとは異なるものでした。なぜ異なるのか、どうしてそうした異なる種類の野菜を栽培しているのか、といった質問に、娘は、きちんと説明できるようになっていきました。今、

作業着姿でダイコンを運ぶ

自分たちが実習していることは、実際の製品とどの点でつながっているかということを認識していました。そして、これについてはこうした意図でこのように栽培している、という学びの脈略を明確に説明できるようになっていったのです。

中学生までは、現在学んでいることを尋ねても「よくわからない」というだけでした。専門高校に行ってからは、専門科目については、中学生の頃と違い、自分が何のために何をしているのかをしっかり把握した上で学ぶことができていたと言えるでしょう。とても大きな成長だと思います。

中学までの勉強では、何のためにこの教科を学んでいるのか、これを学ぶことが自分とどのような関係にあるのか、そして、自分は現在何をしているのか、といった学びの目的や脈絡が見えないまま、「学ばされている」状態だったのでしょう。それはきっと苦しい日々であったのではないかと、今になって思います。

専門高校に入ってからは、「何のために何をしているのか」学ぶ目的や脈略が明確になっています。学びのために、親が何となく聞いたことに対しても、当たり前のように、自信を持って応えることができるようになったのではないでしょうか。娘の学びに対する変化を見て、親としてはとても嬉しいです。また、学びの目的と脈略が明確になっているが故に、専門科目に対する学びへの意欲が高く、かつ内容的にも理解が深まっていき、しっかりと学んでいる様子が見て取れ、子どもの成長する姿が親にもはっきりわかるようになりました。一方、普通教科は相変わらず、学ぶ意欲が高まることはありませんでした。

10 働くことへの意識が育つ

家族で外食に行った先のレストランは、店内で焼いたパンを出してくれる店でした。娘は、厨房を見て「小さい」とつぶやきました。

「パンを焼く窯が小さいと思ったの。私は学校で、もっと大きな窯をひとりで動かしてるから」と言うのです。しかも、「これだと調整しやすいから楽だ」と、いとも簡単そうに言うのです。学校で現実的な学びをしていること、そこで学んだことに自信を持っている姿でした。

これが普通科の高校だったらどうでしょうか？　おそらく、テストの点数が高いと親は安心し、テストの点数が低いと不安になるのではないでしょうか。学校で勉強している姿を見ることができなくても、家で勉強している様子はある程度わかります。勉強時間＝努力→成果、と見てしまうので勉強の中身は問いません。中身よりもテストの点数が高いことが問われるので、勉強の内容はテストにコントロールされてしまうことになります。それに気がつかず、子どもが何を学びたがっているのか、学んだことは社会や現実とどう繋がるのかは見えないまま勉強することになってしまいかねません。

専門高校で学んでいると、学んでいる内容と現実や社会が繋がりやすく、何のために学んでいるのかが見えやすいのです。頼りなかった娘が、リアルな学びを習得しているのかがわかりやすく、成長を実感することができます。専門高校での学びの確かさを感じた出来事でした。

専門高校では、卒業してすぐに社会に出て働くことを意識した教育課程を編成しています。アルバイトが認められており、クラスのほとんどが従事しているということです。中には、家庭の事情で自分自身がアルバイトをして学費を支払わなければならない生徒もいると言っていました。

娘も遊びのために使うお金が欲しくてアルバイトをしているというのではなく、趣味で習いに行っているダンスのためだとか、携帯電話の使用料を自分で支払うためだとかに使っています。クラスの大半の生徒が自分の携帯電話の料金を自分で支払っていて、娘はアルバイトは目的があってするのが当たり前だと思うようになりました。多くの生徒が〝〇〇をするため〟と目的を持ってアルバイトをしています。娘も仕事に対しては、真剣に取り組む姿がみられます。多くの友だちが何らかのアルバイトをし、学校で働くことに関する授業があるため、働くことに関する生徒の意識も、真剣かつ責任感を持つようになっていったのではないでしょうか。

また、働く者の権利についても学んできました。年金の話や、生涯にわたる職業生活の話なども家でするようになり、きちんとした仕事をするためには資格が必要だということも意識するようになっていきました。

11 「お父さん、私は幸せだよね」

進路のことで娘が驚くようなことを言いました。

「お父さん、学費ってすごく高いところもあるよね」。娘が高校卒業後に志望する栄養系の専門学校は、非常に学費が高いところが多いのです。医薬系の大学の学費とそれほど変わらないところもあるくらいです。娘は自分で願書を取り寄せ、栄養系の専門学校について調べてみて、学費が高いことも知ったようでした。

そして、「友だちには、学費が高いから進路をあきらめる人がいるんだよ。そんな中、うちは『学費が高いから無理』ということは一度も言われていないよね。ホントに大丈夫なの?」と言うのです。「うちは決して裕福ではないが、共働きだし、なんとかあなたの学費くらいは出せる」という旨のことを言ったら、ポツンと「お父さん、わたしは幸せだよね」と言うのです。娘がそのようなことを考えていたことに私はとても驚きました。

同時に、高校生を取り巻く経済事情が厳しい現実を見せつけられたような気がしました。娘が言うには、「高校を出て早く仕事に就いて稼がないと家族が困る、という経済状況にあるから専門高校を選んだ」という友だちがクラスに結構いるということでした。その中で、自分は経済的な事情に関して心配することなく、自由に進学先を選ぶことができるということを自分なりに改めてとらえ直していたようでした。

普通科に進学してクラスの大半が大学進学していく中にいれば、こうした想いを抱くことはなかったのではないでしょうか。社会の現実とつながって現在の世界を垣間見ることができ、その中で自身の境遇をとらえ直すことができた、これは専門高校に進学したからこそ得られた貴重な学びであったと思います。

12 自分自身でやりたいことを選択することができる

娘は、食品に関する専門高校を選択し、その先の進学先も栄養士の資格取得を目指して専門学校に進学することを選択しました。高校では、自分自身のやりたいことを見出し、それに向けて学ぶという姿がありました。こうした姿こそ、本来の姿であると思います。何となく周りが進学するからと大学進学を目指し、大学に入ってからもモラトリアムを謳歌して、何となく単位を取って卒業していく大学生と比べると、専門高校に通う高校生が自身の進路についてきちんと考えているように見えてきます。

高校生ぐらいでは、将来何になるといった職業まで見通すことは難しいのではないか、という議論もあります。それは高校生が、自身の進路について充分に考える機会を持つことができなかったからではないでしょうか。

娘を見ていると、専門高校で学ぶことや、周りの子どもたちと学び合うことによって、本当に高校生として大切なことを学んできたように思います。そうした大切な学びを支えたのは、やはり実習を核とした実感のある学びがあった専門教科の授業であったと思います。専門高校独自の専門教科は、一般の教科のように抽象的な内容で留まるのではなく、目の前にある具体的なものを介して、学びの成果を製品として確かめることができます。また、自分のつくったものが社会に通用することによって、自分の学びと社会が繋がっていることを、実感を持ちながら理解することができます。まさに、専門高校ならではの醍醐味があったと思います。

我が家では、三人きょうだいの一番下であったこともあり、頼りなくまさに「天然」な娘だと思っていました。現在ではこの子がきょうだいの中で一番現実的でしっかりとしてきたように思います。親の目から見て、自分の子どもを社会に出しても大丈夫なように育ててくれた専門高校に、私は感謝しています。

※1　「専門高校」という呼称は、平成7年3月の「―スペシャリストへの道―職業教育の活性化方策に関する調査研究会議（最終報告）」により、従来の「職業高校」を改め、初めて使われるようになりました。現在、文部科学省によれば、専門高校には、農業・工業・商業・水産などの職業教育を主とする専門学科だけでなく、理数・芸術・体育など職業以外を専門とする学科も含まれています。また、職業教育は、専門高校・学科のような特定の学校・学科だけではなく、普通科や総合学科なども含めて広く高等学校全般で実施されるべきだと考えられるようになりました。

（鈴木隆司）

第2章　「自分の未来を揺るがす」工業高校での学び

1　アイデアを形にすることは未来を考えること!?

・今後の工業について考えさせられるとても濃い実習となりました！
・最初は感想も少なかったが、最後は未来を考えていた！

これは、高校工業科一年生の授業で、デジタルファブリケーションと鋳造技術を融合させた授業（「工業技術基礎」の中で取り組んでいる「デジキャス実習」）を学んだ生徒の感想です。

富山県の伝統産業の一つに鋳物《いもの》産業があります。その中で注目されつつあるのは錫《すず》製品です。この授業は、試行錯誤しながら世界的にヒットした曲がる器の成功物語（㈱能作の実話）の紹介から始まります。次に、生徒たちのアイデアを３ＤＣＡＤで作成し、それを３Ｄプリンタで造形します。その造形物を模型（原型）として砂型をつくり、そこに溶けた錫を流し込みます。その後、できあがったアイデアの形を一生懸命磨いて仕上げていきます。一連の作業の中で、右記のように、ぽつりとつぶやいた生徒たちの感想は、技術教育の素晴らしさを教えてくれているのではないでしょうか。そして、「ものづくり」を学ぶ価値が表現されていると思います。

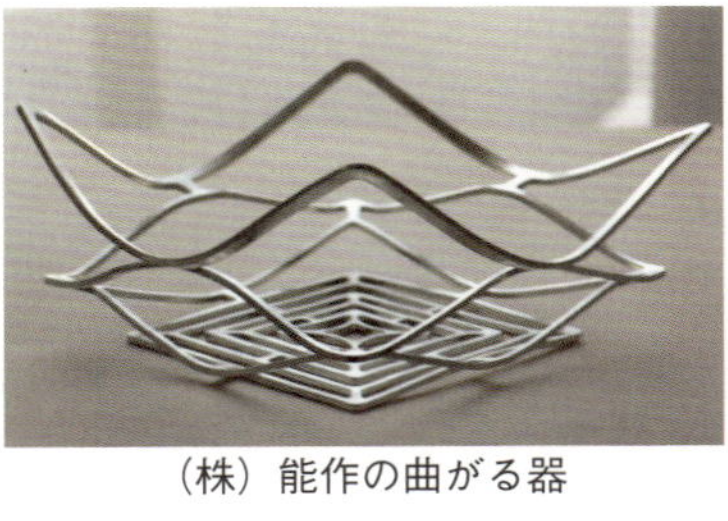

（株）能作の曲がる器

鋳造作業の流れ

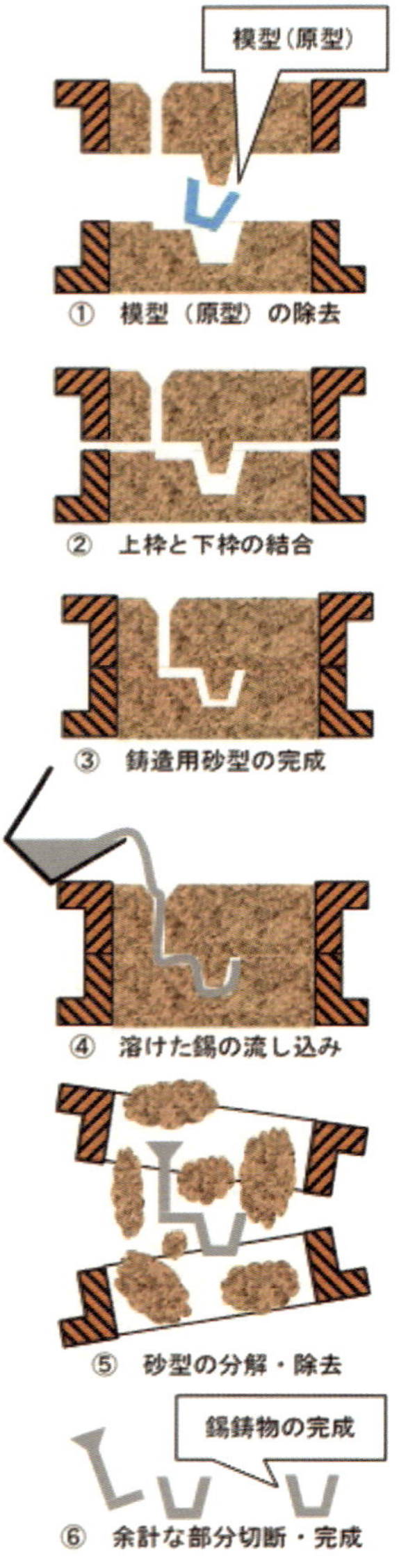

2 デジキャス実習の学習内容

・初めてやることばかりで大変でしたが、それよりもワクワクが勝っていて楽しかったです。

・考えたり想像したりしたことを実現していくことが、工業高校の生徒としての楽しみなのではないか。

授業を終えて、振り返った生徒たちの感想です。

この授業は科目「工業技術基礎」の三単位連続授業において、40名を1班10名の四班編成として行う実習項目の一つとして実施しています。連続三時間の実習を四週分行うことで完結する内容です。

さて、「デジキャス実習」とはどんな授業なのでしょうか。「デジキャス」の「デジ」の部分は、デジタルファブリケーションの「デジ」を使っています。そのデジタルファブリケーションとは、3DCADなどのデジタルデータを3Dプリンタなどのデジタル工作機械で、様々な素材から成形する技術のことを言います。授業では、3DCADと3Dプリンタを用いて、生徒たちのアイデアを模型（原型）として表現します。

「デジキャス」の「キャス」の部分は「Casting（キャスティング）」からです。溶かした金属を砂などの型に流し込んで製品をつくる伝統的加工法を「鋳造《ちゅうぞう》」と言い、英語で「Casting（キャスティング）」と言うからです。

デジキャス実習の学習内容と実習の流れ

1週目	**学びの準備作業** **～地域産業の伝統技術と新技術の実践例～** ・鋳物の種類と応用例 ・3Dプリンタの種類と応用例 ・錫鋳物と3Dプリンタによる成功物語 など	**アイデア創造作業** ・作りたい作品を考える ・過去の作品を見て触って学ぶ ・3DCADで簡単な作品を作りながら操作を学ぶ など
2週目	**アイデアの3D化作業** ・鋳造用砂型の模型（原型）として必要な形状を学ぶ ・3DCADでアイデアを具体的に表現する ・アイデア実現の為に対話的作業を行う	**3Dプリンタによるアイデアの造形作業** ・考えた模型（原型）を造形する ・造形した模型（原型）の後処理（表面処理）を行う
3週目	**鋳造作業** ・模型（原型）を用いて鋳造用砂型を手作りする 仲間との協働作業が必ず必要になる 鋳造用砂型が割れた場合は作り直す ・溶かした錫を鋳造用砂型に流し込む 錫の温度を表面の色で判断する ・鋳造用砂型を崩して作品を取り出す 成功するまで挑戦する	
4週目	**手仕上げ作業** ・コンターマシンを使って余分な部分を切り離す ・バリ取りをする ・各種やすりを使って仕上げる ・表面研磨剤で磨き上げる 作品が光り輝く	

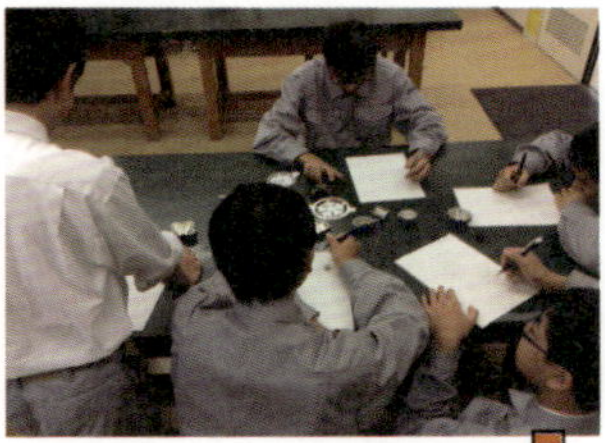
1週目：アイデア創出

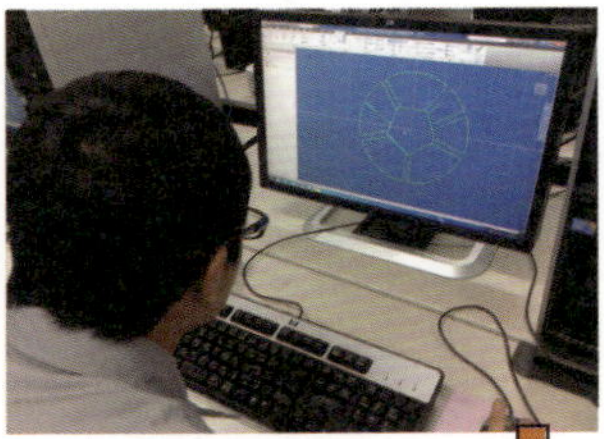
1・2週目：3DCAD

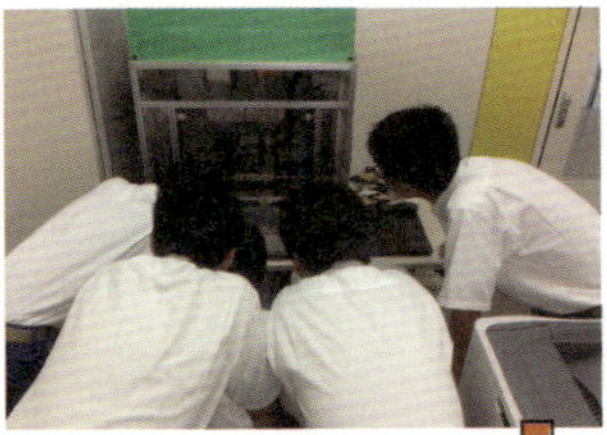
2週目：3D プリンタ

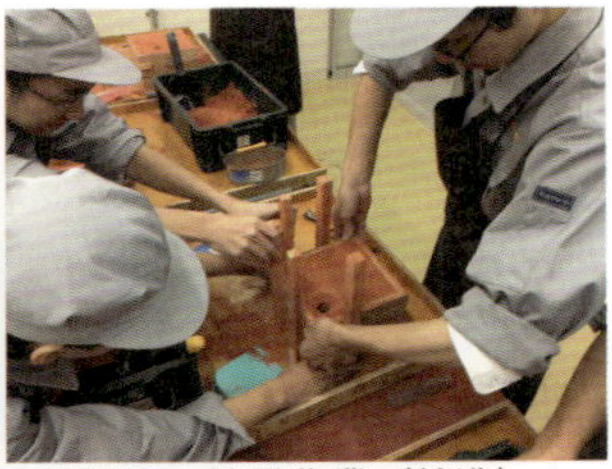
3週目：協働作業（鋳造）

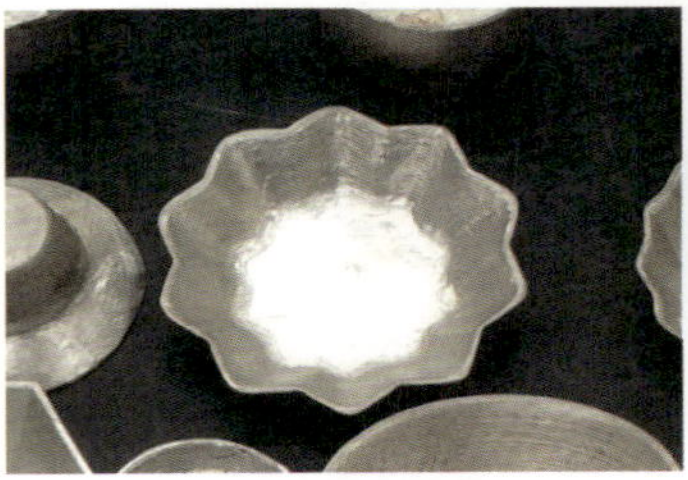
4週目：作品の完成

生徒たちの模型（原型）を用いて鋳造用砂型をつくり、そこに錫を流し込むことで作品をつくる一連の卓上鋳造実習（協力：㈱はんぶんこ）を「デジキャス実習」と呼ぶことにしています。

3 夢のような技術で未来を考える

・「2次元を3次元にする」と夢のような実習ではないか！
・3Dプリンタというものを見て触れてみて、とても夢が広がるものだと思った。
・パソコンでデザインした3Dデータを現実で立体にできる夢のような技術だ。
・PC上のデータを原寸大の大きさで立体にできるというのは、ものすごい技術だ！
・自由度の高さから、未来を変えていく！
・職人技の補助だったり、医療での活躍だったりと、今後の未来をより良いものに発展させるための鍵になる。

3Dプリンタの応用例を学んだ直後の感想には、生徒たちのアイデアを形にしたり、実際の現場で使用されている複製品を実際に示したりすることで、社会とのつながりを感じます。3Dプリンタの活用方法はまだまだ未知数です。これから私も生徒たちと一緒にその方法を模索し続けていくでしょう。ある意味、生徒たちの手の中に未来があるのかもしれません。「もっと知りたい！」と知的好奇心を駆り立ててくれる新しい技術です。未来について、次のような考察をしていた生徒たちもいます。

個性的な作品たち

・CTやMRIの立体化など医療や工業製品の部品など様々な用途があり、私たちの生活を支えるものになる。
・金属に近い物質でもできるようになったら、より人手を使わずに製品をつくることができるのではないか?
・インターネットなどを通して、物をデータとして届けられること。
・これからの一般社会に溶け込んでいくのかな?
・市場は大きな変化をみせる!

デジタルファブリケーションの進化は日進月歩で、今まさに世界中で発展しています。その中で、現在進行形の「ものづくり」の進化と、それによる社会の変化を予測しています。もしも、3Dプリンタが一家に一台普及すれば「インターネットなどを通して、物をデータとして届けられること」によって「市場は大きな変化をみせる」と予測しています。現在では金属用3Dプリンタもあります。3DCADとの相性が抜群に良い3Dプリンタは、実際に航空機や自動車などの産業に応用され始めています。そんな社会に目を向ける環境が、この授業には整っているのかもしれません。

・これまでになかった新技術であるからこそ、法律の整備などの多くの課題があると思いますが、その先にはより良い未来が待っていると思います。

3Dプリンタの短所について学んだ直後の感想では、違法コピーや犯罪への流用など、これからの社会について心配なことも話題になりました。この感想で救われた気持ちになりました。さまざまな技術は必ず長所と短所を持ち合わせていて、その中で、いかにして長所に注目しながら社会により良い変化を与えられるかが大切です。その反面、短所をどれぐらい小さく抑えるかも重要な課題で、これは「ものづくり」の真理ではないでしょうか。そこに到達しよう

3Dプリンタによる造形

としている生徒たちの思考に感心しました。

4 アイデアを考えて形にすることは楽しい！

・デザインするのはとても楽しい。
・自由につくることができ面白かった。
・一番楽しかったのは、３ＤＣＡＤで自分のイメージした立体をつくることでした。
・自分の考えたものがそのまま形になったりすると、なんだかうれしくなった。

アイデアを３ＤＣＡＤで立体に作成したときの感想です。アイデアは鋳造用砂型に用いる模型（原型）として実現します。ある程度の制約条件はありますが、どのような作品にするのかは生徒が自由に決めます。自分の力でアイデアを形にする過程は、生徒たちから「楽しい」「面白い」「嬉しい」などの感情を引き出し、自然と授業へと引き込まれていきます。３ＤＣＡＤの特徴についても生徒たちは実感し、次のような感想を記しています。

・自分が思っていたアイデアよりも良い物ができて３ＤＣＡＤの可能性に驚いた。
・自分では想像のつかないものができるということが３ＤＣＡＤの利点だと思った。
・考えずにやっていても思ってもいない形ができ、とてもおもしろいものだ。

この作業では、まず模型（原型）のデザインを白紙の用紙に自由に描かせます。製図の授業のように正面図や側面図などを描く生徒もいれば、立体的な図（等角図）を描く生徒、とりあえず適当に描き始める生徒とさまざまです。具体的なデザインのイメージがなくても、３ＤＣＡＤで何となく立体をつくり始めると、少しずつ立体が見えてきます。その立体を手がかりに立体をつくり進めます。その繰り返しに

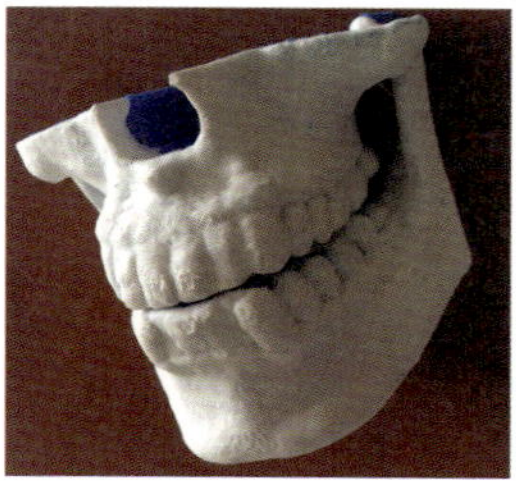

3D プリンタの応用例
（顎部 CT スキャンの造形物）

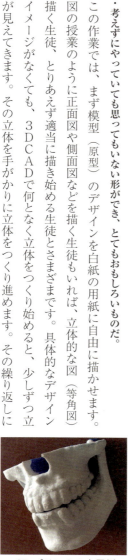

よって、３ＤＣＡＤ上に形づくられ、それなりに納得できる立体が完成していくことは、作業中に頻繁に起こっています。どうしてもアイデアが思い浮かばず、困り感を持ち始めてきた生徒には、過去の作品を実際に見たり触ったりしてもらいます。そうすることで、次のような感想をつぶやいたりもします。

・他の人のアイデアを見ればヒントがある。

・他の人たちの図形や作品を見ることは大切だ。

ゼロからアイデアを考えなくても、過去の作品を参考にすることで、自分なりに工夫や改善をしながらアイデアを立体にしていきます。アイデアが形となり、技術の文化として根付こうとしているのかもしれません。

・友達が考えたイメージ図を見ていると、みんな独創的な形をしていて良いなと思った。

・ものづくりは、考える人のデザインが全て違うところがおもしろい。

他者との比較によって違いを実感しながら認め合うことで「おもしろい」と感じている生徒たちは数多くいます。「お前のすげ～な」「これかっこいい」「この器ヤッベ～」などと仲間同士で会話する光景は日常茶飯事です。

時空を超えて他の人たちの図形や作品によって表現されたアイデアを見たり触ったりしながら、対話的にデザインを考えることで、生徒自身に気づきが生まれ、思考の化学反応が生まれているのかもしれません。アイデアを形にすることの大切さを実感します。

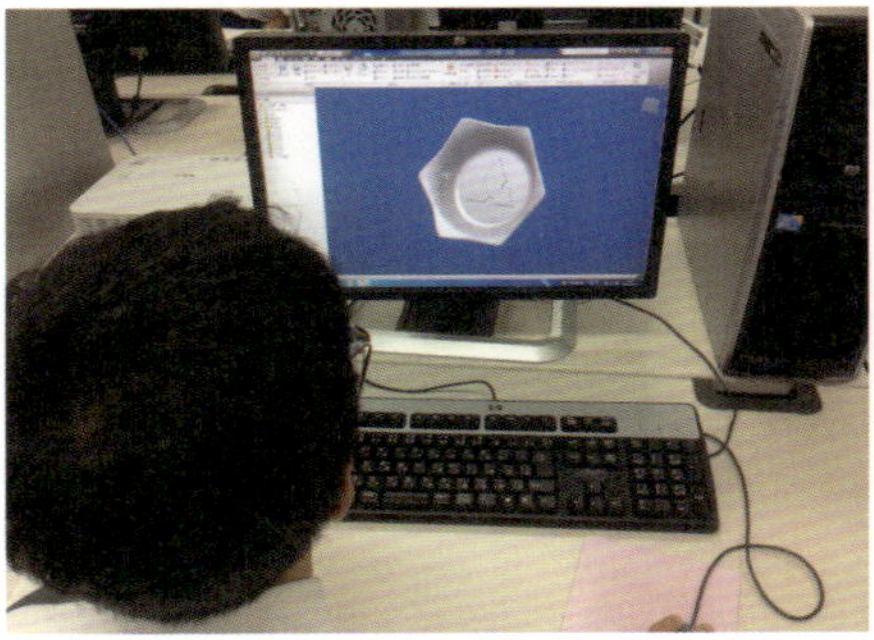

3DCAD によるアイデアの創出

5 半端ない職人技を理解することとは？

・職人半端ね～
・職人さんがすごくカッコイイ！
・職人さんたちの凄さを実感した。
・錫の鋳造をしているプロの人たちがすごいということをあらためて知った。

錫の鋳造作業を通してつぶやいたり、感想を述べたりした生徒たち。「職人」や「鋳造」という単語は知っていますが、砂型を手づくりして金属を流し込む体験は、みんな初体験です。「錫」という材料を扱って、その硬さや軟らかさを感じることも初めてです。世界で一つだけの自分の作品を完成させるには、この作業は絶対に成功させなければなりません。大事に思えば思うほど、生徒たちは深く考え、試行錯誤を繰り返します。この作業を始める前に「成功率は70～80％ぐらいかな」と言った瞬間、生徒たちは真剣で少し緊張した表情へと変化していきます。

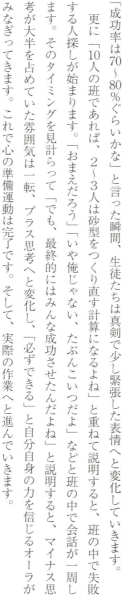

更に「10人の班であれば、2～3人は砂型をつくり直す計算になるよね」と重ねて説明すると、班の中で失敗する人探しが始まります。「おまえだろう」「いや俺じゃない、たぶんこいつだよ」などと班の中で会話が一周します。そのタイミングを見計らって「でも、最終的にはみんな成功させたんだよね」と説明すると、マイナス思考が大半を占めていた雰囲気は一転、プラス思考へと変化し、「必ずできる」と自分自身の力を信じるオーラがみなぎってきます。これで心の準備運動は完了です。そして、実際の作業へと進んでいきます。

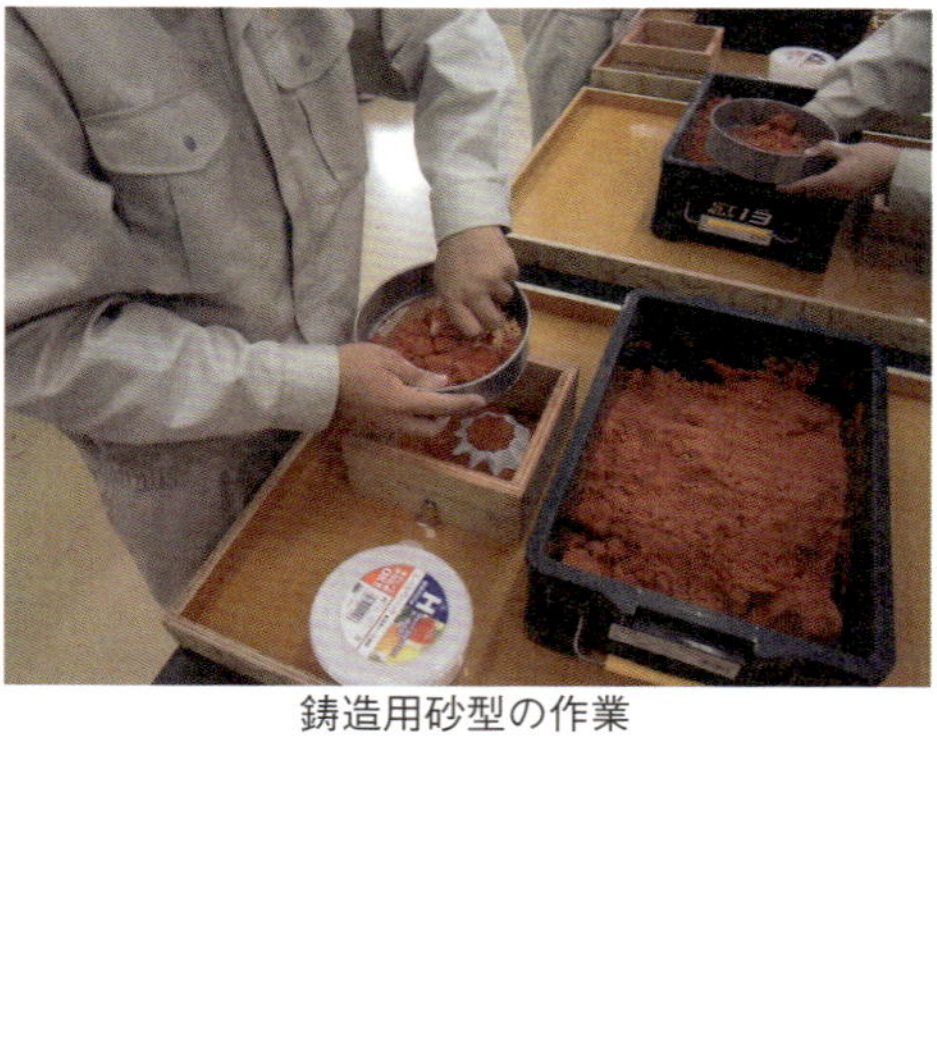
鋳造用砂型の作業

全て手作業なので、全員真剣勝負です。砂の感触や臭い、枠の大きさや形状、さまざまな道具たちを五感で感じます。そして、色々な道具と職人技を駆使してこの作業は完了します。この作業を終えたときに出てきた生徒たちの理解の変容は、とても素直なもので、技術教育の重要性を改めて感じさせます。

・鋳造でつくられた器はとても美しいので、実際に自分でオリジナルの器をつくれることがとてもうれしい。

・器を作ることができ、とても生活に役立つ。

・一般的な家庭で器をつくれるような世界になれば、生活や食生活は変わる。

ただ単純に錫製品の美しさに魅せられ、自分オリジナルの器を製作できる嬉しさを感じている生徒や、その先には生活があり、役に立つものとしての器を考えている生徒もいます。そして、それらの器によって生活や食生活などの社会が変わることを期待している生徒もいます。さまざまな学び方であり、とても頼もしい姿でもあります。

・（錫の特性である柔らかいという）短所を長所にする発想力はすごい！

世界的に有名になった曲がる器の成功物語と作業で実感した職人の高い技術力の狭間で、短所と思っていたことも、長所に転じることを心身全体で学んでいました。ピンチはチャンスと言いますが、「ものづくり」を通して社会の物語を学び、未来の社会に興味と可能性を感じられる力を育めたらと思います。

・身近な物がたくさんある。

・鋳造によって奈良大仏がつくられたと知って気になったので調べてみました。

鋳造という技術を知り、学び、それを使うからこそ身近な鋳物製品について考え、調べるようになるのでしょうか。アクセサリー、置物、通貨、車のエンジンやホイールなど。自分の生活としてとらえているからこそ、自分の目線で理解を深めようとするその姿は、単なる「もの」だけを学ぶのではなく、実感や経験を伴った「ものづくり」として学ぶ重要性を物語っていると思います。

6 「簡単なこと」から「難しいこと」への理解の深化

・最初は錫鋳物なんて、そんなに難しくないだろう、土を詰めて型をとってそこに金属を流すだけ、といったような気持ちでした。しかし、実際にやってみると、とても繊細な作業ばかりでとても難しいことを知りました。

鋳造作業の代表的な感想です。多くの生徒たちは、砂型をつくることは、砂遊びの延長ぐらいの感覚でとらえているように思います。しかし、作業工程が進んでいくうちに、単純な作業ではないことを五感で感じ始めます。例えば「砂を固める」ことを目の前で実演しても、実感としては全く理解不可能です。指示の内容が理解できても、どれくらいの力で固めるのかは、全く見当が付かない様子です。だからこそ、自分自身で考えながら真剣に取り組もうとします。そして、「これで良いのかな」「これで合っているの?」などと、半信半疑状態で作業は進みます。最終的には、自分でつくった砂型に溶けた錫を流し込んだ後に出現してくる作品で、作業過程の善し悪しが決まります。成功もあれば、残念ながら失敗もあります。最初に話をした成功率はフェイクニュースではなく、逃れられない事実です。その事実を受け止めるしかない時、生徒たちは真剣に考え始め、感じ始めます。そして、「鋳造」の理解が「簡単なこと」から「難しいこと」へと深化します。ただし、生徒たちの学びはこれだけで止まりません。

・焦りなどの感情だったり、力加減だったりと自分のコンディションと深く関わっているのかなと考えました。

生徒たちは、技術的な側面から、その技術や技能を支えている精神的な側面まで、考えが及んでいきます。集中力を欠くと、無情にも目の前の砂型は崩れてしまう。仲間たちの様子が気になり、「これで良いのかな」「遅れているな」「俺のヤバいかな」などと、完成前や失敗直後に心の中で焦ったり不安になったりしています。そして、精神的に不安定になっている時に、もしかすると失敗の中身と向き合うのかもしれません。「あっ、やっぱりか」と多くの生徒たちが精神的な側面に関して必ず触れています。とても不思議です。

自分が持っている技術や技能を余すことなく発揮するためには、心の状態が深く関与していると言われています。スポーツの世界ではメンタルトレーニング、ビジネスの世界ではマインドフルネスなどと、心と体の調和による好事例が次々と発表されていますが、この実習でも、自然とその要素が含まれているような気がします。最初に紹介した成功物語に触れ、「生半可な気持ちで行わず真剣に打ち込んでいたので『曲がる器』という新たな発想のものができた」と、真剣に打ち込むことの大切さも学んでいました。

7 協働作業の大切さ

・特に難しかったのは、上枠を外し再び戻すという作業です。真上にぶれずに持ち上げるのが難しく、友達に協力してもらわなければ成功しなかったと思います。

・友達に手伝ってもらうところがあったので周りの人間関係がとても大事だということを実感しました。

砂型をつくっている途中には、周囲の協力がないと乗り越えられない作業があります。その作業を経験することによって、このような感想が生徒たちから聞こえてきます。手作業ですので数ミリ程度は普通に揺れてしまいます。そこで、周囲の協力を得ながら、角棒を使って真っ直ぐに枠を上げたり下げたりすることで手振れを抑え、正確に作業します。また、対話をしながら協働作業を通じて、人間関係の大切さも実感しています。

・錫が冷えて上枠を外すとき、とてもドキドキしながら見ていましたが、形はきれいになり、顔もしっかり写っていたので、思わず拍手してしまいました。皆も一緒に拍手してくれたので嬉しいです。

「思わず拍手」するぐらい嬉しかったのですが、その嬉しさを周囲の生徒たち

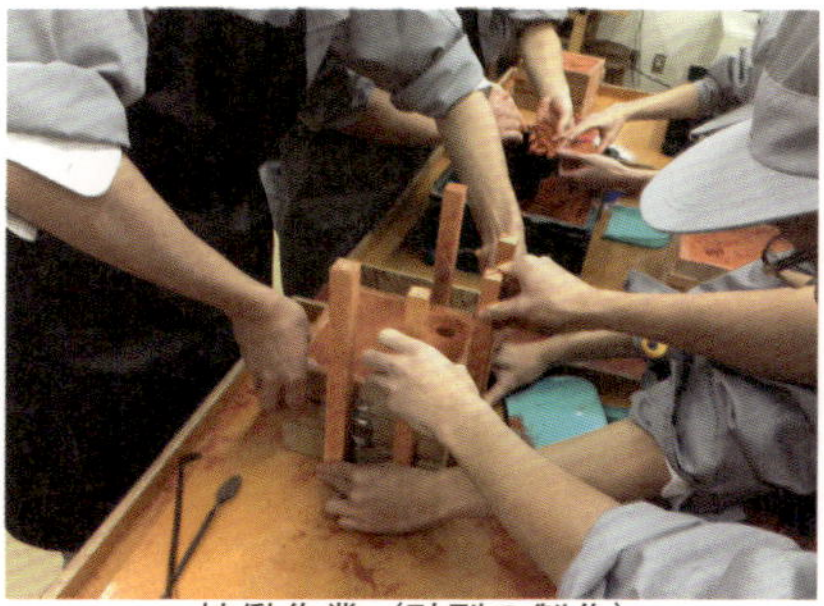

協働作業（砂型の製作）

と共有しながら「皆も一緒に拍手してくれた」ことによって、さらに嬉しさが倍増する様子です。協働作業で、連鎖反応的に「嬉しい」感情が伝わり合い、全体的に前向きに授業へ取り組む環境をつくり出しているとみられます。

8 手作業の価値とは

・錫でつくった本物を見るとさらに愛着がわきました。

・手間がかかるのだからこそ、つくることに意味があるのだと思いました。

・手作業には機械にはない思いを込めることが出来るので機械の方が今の時代に合っていますが、僕は手作業で何かをつくれる方が良いなと思います。僕にとって、ものづくりとは誰かのためにあるものなので、相手の事を想って何かをつくれる手作業の方がいいと思います。

自分の手で作品をつくり上げたときに込み上げてくる感情を記したものです。３Ｄプリンタで素早く簡単に出力したものよりも、手作業でつくり上げたものの方がなぜ「愛着」がわくのでしょうか。「手間」をかけた方が「意味がある」のでしょうか。最後の生徒の言葉を借りるならば、「思いを込める」ことで「相手の事を想って何かをつく」ることが大切なのでしょう。ただ単純に「もの」をつくることから、それをつくった先のこと、それを使う相手のことを考え、つくり上げる「ものづくり」が価値のあることなのでしょう。そして、それを使うことで社会が変化し、より豊かな生活へと向かうのだろうと思います。

・一番楽しかったのは最後に錫鋳物を取り出すときです。うまくいったかどうか、とてもワクワクしました。

鋳造作業による作品の成功例

・錫を流し込んだ後、上枠を外す前にちゃんとできているのかと心配しながら待っている時間は、少しワクワクしながら待っていました。鋳物を作る作業の中で思ってもいないところでワクワクすることができ、楽しかったです。

「失敗していたらどうしよう」というドキドキ感と、「どんな作品になっているのだろう」というワクワク感の間で感情が揺れ動きながら、砂型に流し込んだ錫が冷え固まるまでの数十分間が不安と期待が交錯する絶妙な時間になるのでしょう。効率化された現代社会の中で、何かを期待して待つことはとても大切なことかもしれません。入試のように定員があるわけでもなく、完成するかどうか、成功するかどうかは、全て自分自身にかかっています。だからこそ、この時間がドキドキ・ワクワクするのかもしれません。一回で成功する生徒もいれば、二回三回挑戦して成功する生徒もいます。しかし、最終的には全員が成功する（成功させる）のですから、必ず感動の瞬間が訪れます。その時の生徒たちの表情は、とても晴れやかで自信と達成感に満ちあふれています。

・自分が考えた器を手にとることができて感動しました。

・砂型から鋳物が出たときはとても感激しました。

・鋳造が成功したときはとてもうれしくて達成感がとてもありました。

息を呑みながら砂を壊していくと中から作品が顔を出します。「やったっ！」「お～すげ～」「半端ね～」など と歓声が飛び交います。一人の感動を全員で共有することで、その感動は倍増していきます。感動が感動を呼び、とても良い連鎖反応が起こります。たとえ失敗した生徒がいたとしても、その生徒は「次こそは成功してやる！」「絶対成功してみせる！」など、不思議なことに超前向きに再挑戦していきます。伝統技術である鋳造は、頭だけで理解できるほど簡単ではありません。その技術を身に付ける為には、さまざまな技術的精神的な壁が立ちはだかっています。しかし、その困難を乗り越え、自分が生み出したアイデアを手にした瞬間、ほとんどの生徒たちはこのような感想を記していました。感動を体験した生徒たちは、その後、どのような方向へ向かうのでしょう。

9 成長の実感

・ひたすら磨いていましたが、この地味な作業が楽しかった。
・磨くたびに凸凹が無くなっていって最後には金属光沢がでてきたところが楽しかったし、少し感動した。
・ピカピカになった自分の作品を見てとても頑張ったなと思うことができ、充実した時間に感じた。
・一つ一つの作業を繰り返していくと、どんどん自分の作品が完成していっているのが一番わかる授業だった。

この作業内容は、ある程度鋳造作業で形づくられた作品を、さまざまな工具や道具を使ってピカピカに手仕上げする内容です。普通であれば、途中で飽きてきたり疲れたりしてきて、面倒くさい雰囲気が漂いそうです。しかし、不思議なことに、この作業では黙々と目の前にある作品を真剣に仕上げようとする雰囲気が実習室を埋め尽くします。手を真っ黒にしながら、力と心を込めて精一杯行います。休み時間も関係ありません。なぜでしょうか。

メンタルトレーニングの言葉で、「一流の楽しみ＝自己の成長」という言葉があります。成長段階の生徒たちは、「今、成長している！」という実感を欲しがっているのかもしれません。今、目の前にある作品は自分自身が生みだしたものです。これが自分の手でピカピカと光り輝いていく様子は、まるで自分自身の人生を描写しているかのように思えるのでしょう。手を抜くことは可能です。しかし、「手抜

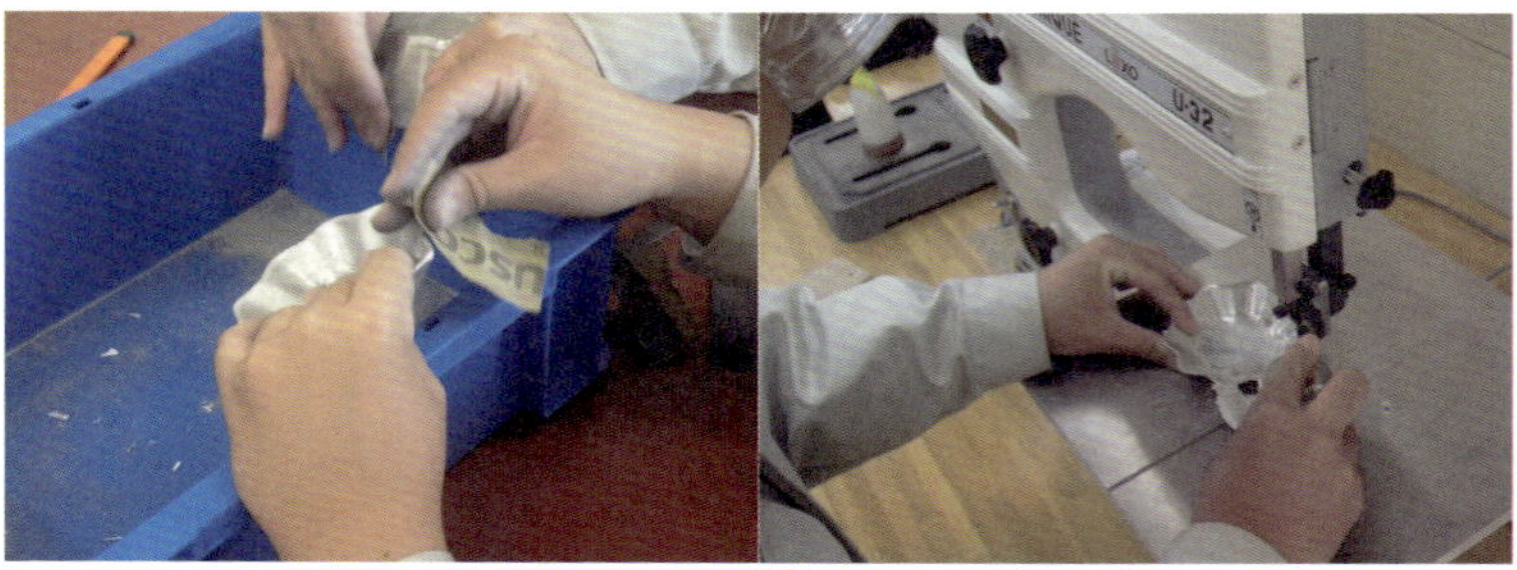

仕上げ作業

きはいやだ」「ピカピカにしたい」と、限られた時間の中で心を込めてやり抜こうとするその姿に、高校生の力強さと頼もしさを感じます。そして、未来は明るいと心の底から感じる瞬間です。

・先生がつくって磨いた錫鋳物を見せてもらったときは、すごい経験や実力の差を感じた。もっとがんばろうと思えたときは、こういった感情の持ちようが人生において大切なのだと思った。

・途中、先生がつくった作品を見せてくれた時は、びっくりした。その後に、皆狂ったように磨き出したのでとてもおもしろかった。

これらの感想は、技術や技能が成長するときの大切な要素の一つであると感じました。生徒たちがすぐ到達できそうなレベルの課題より少し高いレベルの課題を示すことで、成長や挑戦への扉が新たに開かれるのです。そして、技術や技能の成長や挑戦が加速していくのです。成長の加速感が味わえ、技術教育で大切にしたい要素の一つを示していると思います。技術革新が進む中で、常により高い技術レベルを目指す、その姿を生徒たちに示せるよう自己研鑽に励んでいきたいです。

10 ものづくりが「自分の未来を揺るがす」

「デジキャス実習」を立ち上げた背景には、主に二つの理由があります。一つ目は、「とやまデジタルものづくり研究会」で、国内外の3Dプリンタによる「ものづくり」事例を学び、今まで培ってきた伝統技術との具体的な共存方法が課題になる中で、その担い手である人材が不足していることを感じたからです。二つ目に、私自身が錫の卓上鋳造体験をした際に、伝統技術と新技術の背景を学びながら器の形状を自分自身で考えてつくり上げることができたら、もっと楽しくなるだろうと考えたからです。これからの社会に生きる生徒たちの為に考案し、新しく始めた実習ですが、生徒たちからは、私の思いを超えた学びの様子が次のように記してありました。

・とても新鮮！
・ほとんどの工程が初体験だった。
・とても内容が濃くて楽しくておもしろい実習だ。
・最先端と伝統の２つに触れることができてとても良い授業だ。
・新しい技術に触れることと、それをつくった伝統技術を学ぶことだけではなく、本当の達成感を味わう良い機会。
・貴重な経験が出来るだけでなく、自分の未来を揺るがす良い刺激になる。

生徒たちは「ほとんどの工程が初体験」で、どれも「新鮮」で「楽しくておもしろい」と感じました。そして、「新しい技術」と「伝統技術」を学ぶだけでなく、「本当の達成感を味わう良い機会」と実感し、「未来を揺るがす」ぐらいの「良い刺激」となったことを記しています。

工業高校一年生が「ものづくり」を中心に専門分野を理論的・実験的・体験的に学ぶ中で、その先にある社会を具体的に意識し始めたのではないでしょうか。本格的な「ものづくり」を学ぶことで、社会に通用しそうな自分にも「できること」があったのだという実感が、生徒たちの中に徐々に膨らんでいきます。そして、自分にも「できること」が社会の役に立つ可能性に気付き、生徒自身が社会とつながり始めます。

「教育」という言葉は、英語ではEducationといいますが、語源的には、私たち人間に内在している素晴らしい能力を引き出すという意味があると言われています。本格的な「ものづくり」に挑戦する中で学ぶ技術教育は、生徒たちの学びへの欲求を自然と引き出します。社会とつながる自分にも「できること」から、主体的に自分の未来へと一歩踏み出そうとする力を育んでいます。

（島田育弘）

第3章　ものづくりが高校生のストーリーをつくる

1●生徒がストーリーを描きながら成長していく高校とは

東京の山手線京浜東北線、田町駅芝浦口を出てすぐのところに東京工業大学附属科学技術高等学校（以下、本校）があります。国立唯一の工業高校として130年以上の歴史がある学校です。推薦入学以外の生徒は専門分野を決めずに入学し、1学年で科学・技術の基礎を学んだあとに、応用化学、情報システム、機械システム、電気電子、建築デザインの5分野に分かれ、専門的な学習をします。普通高校とは大きくシステムも異なります。3学年の必修科目である「課題研究」は、昭和60年代に本校が開発した授業科目であり、現在も生徒たちは本校で学んだ結晶として、研究、発表、論文制作を高いレベルで行っている、本校を代表する授業です。

卒業後はほとんどが理系の大学に進学しており、就職する生徒は2年に1名ほどです。また、指定校推薦や自己推薦による進学が4割以上と高い割合であるのも特徴です。

アクセスはJR田町駅からすぐ

高校の3年間で一定の専門的な力を育成し、自主自立を基礎とする自由な校風と、専門性と個性を重視する価値観を持っています。中でも筆者が所属する機械システム分野は、ものづくりを重視し、機械実習を始め専門分野の学習を通じ、実感のある学びを推進しています。

本章では、ものづくりを学校生活の中心に据え、課題研究という目標をもって活動し、ストーリーを描きながら成長して、自身の進路を切り拓く生徒の姿を紹介します。

2 「好きなバイトは丸剣バイトです」

バイトといってもアルバイトのことではありません。旋盤《せんばん》という本格的な工作機械で使用する金属加工用の刃物のことをバイトと呼び、工業高校の機械系の生徒は必ず学習します。金属を加工するためには、数多くの種類のバイトとその使用方法を習得する必要があります。課題研究の班員から旋盤作業を任されていたSさんは、通常の実習で行っていない、外爪のチャッキング作業や丸剣バイトを使用した正面削りなどの加工法も習得していきました。作業量に比例して、自分で段取りをつけるようになり、必要なバイトや工具を自分で決められるまでになりました。できることは好きになることと同じで、作業を進めるほどに旋盤に愛着を持ち、冒頭の「好きなバイトは丸剣バイトです」という言葉を発していました。自身で製作した製品をきれいに並べてインスタグラム（写真に特

外爪チャッキングでの旋盤作業をするSさん

化した無料の共有ＳＮＳ）に投稿するほど楽しんでいました。Ｓさんは、「周りの人がプログラミングなどといった、機械、工業に関する知識を持っている中で、私は工業的な知識はなく、『ものづくりが好き』という理由だけでこの学校に入ったようなものです。しかし、実習の時間など、先生や友だちに自分の技術を褒められると、『成長した』と感じるとともに、次の作業への意欲も増しました。また、作業をするときに自分で作業方法を提案したりなど、自分から何か行動を起こせるようになったのは、入学時の知識ゼロからの確かな成長を感じています」と感想を残していました。

Ｓさんは、興味があった植物について大学で研究したいと考え、千葉大学の園芸学部を目指して努力し続けました。自己推薦入試では、「波力による圧縮空気を利用した真水作成装置と海上栽培」のアイデアをプレゼンテーションして、見事合格することができました。本校で学んだ経験を活かして、自ら動き新たなものを生み出せる研究者を目指しています。

普段は、ＳＮＳに興じる普通の高校生が、ある一面ではものづくりの担い手となり、学んだ専門性を活かして大学進学を決めていく。受験学力一辺倒の価値観ではなく、自身の興味と意欲をものづくりによって、まさに自分の生き方を「かたちづくる」ことで、自身の進路を切り開くことができるのが、専門高校の魅力です。従来の進路選択の価値観とは異なっているかもしれませんが、世界を広げる可能性がある価値観ではないでしょうか。

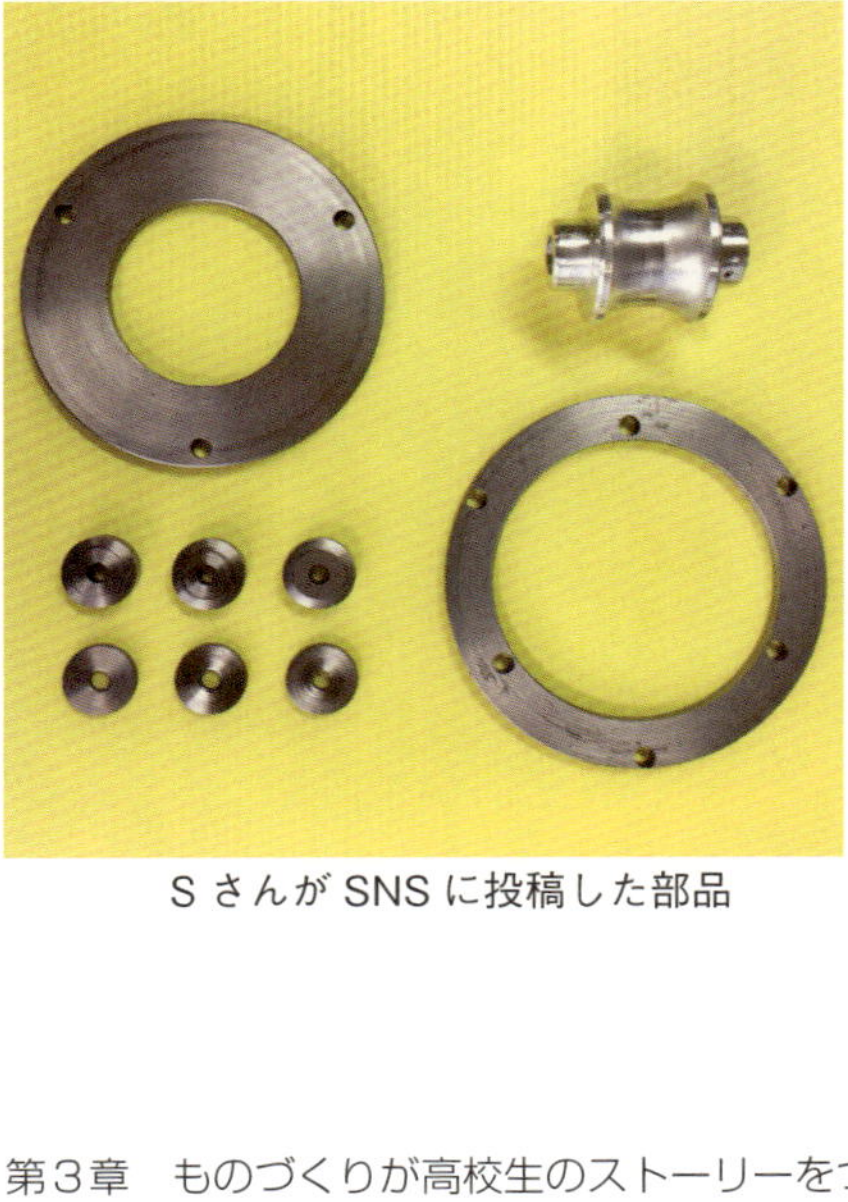

Ｓさんが SNS に投稿した部品

3 ものづくりで幸せを感じることができる高校

機械システム分野のMさんの感想です。

「個人研究や専門の授業、マイコン制御部としての活動、そして課題研究を経験したことで、一番に感じることはものづくりが好きになったということです。もともと機械に興味がなかったわけではないのですが、教科書で学ぶだけでなく実際に自分が動いて学ぶことで、自分にだってものづくりに参加できるということ、ものづくりが思っていたよりも遠い世界ではないことを知り、ものをつくる側の人間に自分がなるということをためらう感情が今は思い出せないほどに、ものづくりを続けたいと考えるようになりました。私が日常生活を普通に過ごしていたら加工されたものをただ扱うだけだったはずなのに、加工する側に立っていたと実感できたとき、ものづくりが楽しく感じ、将来的に続けていきたい、この立場を日常にしたいと思いました。その瞬間は、初めて行う加工法を学ぶときであったり、ものが完成したとき、また、その加工法に慣れてきたと感じたときで、それらは高校での授業の中に多くあったと思います。(中略)ものづくりを経験することで、将来の目標や自分に向いている目標への取り組み方に気が付けた気がします。高校生の時に気が付けたことは、自分の可能性を広げるために遅くない時期だったと思います。なので、この時期にものづくりが自由にできる環境が整っていることがとても幸運で、幸せなことだと思いました」。

海が大好きで、魚も大好きなMさんは、マイコン制御部にも所属し、1年生のころから積極的にものづくりに挑戦するタイプでした。ロボコンへの参戦など、マイコン制御部の活動に参加し、少しずつ技術を身に付けていきました。特に3DCADと3Dプリンタの作業に積極的に取り組み、実力をつけ、3年生では、個人研究と課題研究に取り組み、これまでの興味の延長線上にある製品の開発に挑戦しました。

個人研究では、葛西臨海水族園でのボランティア活動で、魚体と水の抵抗を説明する教材を開発。この教材は実際に葛西臨海水族園で展示・実演するほどのものになりました。

課題研究では、干潟の調査を行うことができる水陸両用のロボットを製作しました。干潟という足場の悪い中でも走行できるように、接地面積を大きくした外輪をもつロボットを製作しました。課題研究は5名の班員で行い、プログラミングが得意な生徒は、ラズベリーパイとArduinoという小型コンピュータを活用し、遠隔操作やカメラ撮影を可能とするシステムをつくり上げました。Ｍさんは３Ｄプリンタによる造形を担当し、モーターの固定や防水のための部品を製作しました。メンバーで協力して製作した機体は、メイカーフェア２０１８や海洋開発研究機構のロボコンなどに参加・出展を果たしました。特に海洋開発研究機構のロボコンでは早稲田大学や東京工業大学のロボット研究会も参加する中、見事に本校が優勝を果たしました。

干潟調査用水陸両用ロボット

Ｍさんのボランティアやものづくりの経験は、海と魚というキーワードでつながり、結果を残してきました。この実績を大学受験のＡＯ入試で活かし、国立東京海洋大学合格となりました。自身の興味と行動力で、海と魚をテーマに学びや挑戦を続けることが、一つの物語のように、充実した学校生活や理想の進路先へとつながったのです。自由に学び、ものづくりを行える本校の教育システムの中で、積極的に活動した結果といえるでしょう。

ものづくりを中心に学校生活を充実させたＭさんは、課題研究発表会後も研究を継続し、国内最大の学生科学賞である第62回日本学生科学賞で、ファイナリストとして「科学技術振興機構賞」を受賞しました。この科学賞においても入賞作品のほとんどが科学部や生物部や個人研究の成果であり、課題研究という学級全員が参加する授業における取組が評価された意義は大きいです。

4 緊張で手が震える体験

「先生、震えてうまくできません！」

機械システム分野の3年生のIさんが、課題研究で製作している空気エンジン本体にメネジを切っているときに発した言葉です。

金属加工の基本に、タップを使ってメネジを切る加工があります。下穴をボール盤であけて、ネジ山の形をした刃物がついているタップという工具を使用してメネジを切ります。タップを垂直に維持したまま加工しないと正確なメネジを切ることはできません。今回製作している空気エンジンは圧力容器の一種であるため、ねじが正しく切れていないと、空気漏れを起こしたり、最悪の場合破損したりする危険性があります。4名の生徒で構成する班員たちが、2か月以上を費やした空気エンジン製作作業の後半にあたり、Iさんのメネジが機能しないと大幅な作業変更が必要になります。班員は、設計を手始めに必要な部品の注文、旋盤加工、フライス盤加工、エンジン内部の洗浄作業などを自分たちで行ってきました。その大変さや情熱を体得し、技能と技術の重要性を理解しているからこそ、極度の緊張から手が震え出し弱音が出てしまったのでしょう。けれども、Iさんは震える手でタップハンドルを握り、何とか加工を終了させて、ホースニップルを取り付けることができました。

普通高校の生活では、まして授業の中で緊張に手が震えながらも、ものをつくり上げる経験を積むことがあるでしょうか。班員の積み上げてきた成果物を託され、大いなる責任とプレッシャーを感じる中で、自身の持っている技能と集中力をすべて出し切りものをつくる。多くの困難を乗り越えて完成に達する。このような授業が本校にはあります。

「少しだけ理系が好きだった」

「私服の高校がよかった」

このような理由で入学してきた生徒が数多く在籍し、ものづくり経験もごく普通の中学生が本校に入学します。授業時数の半分にも満たない専門教科の授業のなかで集中的に技術と技能を身に付けることで、普通の生徒がものづくりの魅力を体現するような存在に成長します。

課題研究や実習の時間で多く見られる光景が、自分でうまくつくれたと思う部品を仲間や教師に自慢する姿です。「大量の穴を正確にあける」「平面を削り出す」「部品と部品がうまくはまる」といった加工は、多くの場面で必要となる基本技能です。基本技能の難しさは、加工を実際に行わないと実感できません。正確な穴をあけるためには、正確なケガキとセンタポンチ、ボール盤の操作、回転数の設定、材料の固定など多くの技能と知識が必要であり、すべてを行えなければ正確な作業とは言えません。この基本技能の難しさを知っているからこそ、作業を完了し自分の納得がいく製品になった時にこそ周囲に自慢をするのです。このとき周囲の仲間たちが同じような技能経験があることがポイントであると考えます。穴をあける作業に、基本技能が詰め込まれていることを理解していなければ、技能を評価し、相手を認め尊敬することはできません。工業高校で学ぶことは、同じ技能と向き合ったことのある仲間たちや教員の存在が非常に重要になります。

また、他の生徒が使用したことのない工作機械や工具を使用する経験も大きな自信につながります。ものをつくるための技能の範囲は非常に幅広く、課題研究の製品を完成させるには、実習では未修得の技術を身に付けなければならない場面がしばしばあります。空気エンジン製作に

真剣にフライス盤と向き合う

おける旋盤作業では、円弧の形状に仕上げるため、バイトを両頭グラインダーで削り、オリジナルの形状に成型する必要がありました。初めて行う複雑な作業を終えた時、生徒は非常に良い顔をしていました。周囲も、「どうやって作ったの」「すごい製品だね」と声をかけ、製作した生徒にとって大きな自信につながったはずです。

下の写真はプラズマ溶断機で厚さ10ミリの鋼板を丸く切り出しているところです。このように中には教員でも難しいダイナミックな作業が含まれており、教員から「俺でも厳しい作業をよくやった」「クラスで一番プラズマ溶断がうまい」と声をかけると、普段はおとなしい生徒が自信を持った笑顔になりました。

プラズマ溶断

他者を認めたり、自分に自信を持ったりするには、周囲の環境が重要です。工業高校という、中学校までとは価値のベクトルが少し違う世界に身を置き、その中で一生懸命にものづくりに打ち込むことによって得られる自尊や自信、そしてそれらを共有できるクラスメイトの存在はかけがえのないものでしょう。

5 「陽キャになって帰ってきます」

「陽キャになって帰ってきます」はISSF2018に参加したOさんが、出発準備をしているときに発した言葉です。

陽キャという言葉は若者の間で使われる「陽気なキャラクター（性格）」を略したもので、コミュニケーション力が高く積極的な人物を意味しています。反対が「陰キャ」で、本校の生徒の多くはこちらがほとんどかもしれません。

ISSFとは"International Student Science Fair"の略称で、2005年から続く大規模な国際学生科学フェアです。日本、韓国、オーストラリア、アメリカ、タイなどの優秀な学生が集い、科学技術に関するプレゼンテーションやポスター発表、交流を行う5日間にもわたるイベントです。2018年はアメリカのシカゴで開催され、本校の代表として機械システム分野3年のOさんが選ばれました。発表したのは、羽根車のない新しい風力発電システム開発で、その構想と試作品を英語で発表しました。

Oさんは控えめな生徒ですが、何かに挑戦したいという思いから、ISSFへの参加を決めました。当初は何について研究するかも決めずに、ISSFの校内選考に申し込みました。課題研究のテーマを考えていく中で、Oさんと教員とでアイデアを出した新しい風力発電システムをテーマに校内選考に挑むことになりました。機械システム分野は実際のものをつくり出すことを重視しており、プレゼンを行うための実験機器として、発電システムをつくり上げなければなりません。発電システムは、これまでの風力発電の問題である騒音や設置の問題を、羽根車を使用せずに風力で揺動する棒と水循環発電システムを組み合わせることで、乗り越えようとするものです。試作品とはいえ、大きな力がかかるため金属加工が必要になり、また水を利用するため、配管設計の専門知識が必要です。6月の本番に向け、3月から製作作業を始めました。旋盤加工による配管プラグの製作では、水が漏れないように0.1ミリ以内の精度で旋削加工しました。本体のボディは溶接が必要なため、鋼板を足踏みのシャーリングマシンで切り出し、ガス溶接、プラズマ溶断、スポット溶接で加工して形をつくっていきました。溶接名人の先生からの丁寧な指導のもと、平らな面に置いてもガタガタしない出来栄えに完成させることができました。

Oさんはこんな感想を残しました。

「私は2年生での実習を通してもモノづくりが楽しいとは思えませんでした。むしろ実習で沢山の失敗をしてきたので怖くなって、大きな苦手意識を持っていました。ですが、個人研究で多くの時間を取って、一から教わって丁寧にモノづくりをすることで、自分でもうまくつくれた、という達成感と同時にモノをつくるという喜びを知りました。また、先生が仰ってくれた『失敗したらまたつくればいい』という言葉が、自分の中にとても響いてモノづくりへの一種の恐怖心が砕け、なんでもやってみようという気になりました」。

Oさんは、個人研究でものづくりと真剣に向き合うことで、自信をもち、新しいことに挑戦する気持ちが芽生えました。この挑戦で得られた自信が新しい自分へとつながり、最初の「陽キャになって帰ってきます」という自分のさらなる成長への意思表明の言葉となって表れたのではないでしょうか。

この挑戦には続きがあります。ISSFでの発表では試作品だったため、これを完成させる必要がありました。Oさんは3年生なので、課題研究と受験勉強を進める必要があり、2年生に研究をバトンタッチしました。引き継いだのは陸上部の女子生徒3名でした。夏休み中の時間を利用し、午前中に陸上の練習を行い、午後から発電機製作に挑戦しました。小型ではあっても風力を受け止めるために、鋼板を使用し、スポット溶接やアーク溶接を使用してつくっていきました。見た目にも工夫を凝らし、ラッカースプレーで黄色に塗り、カッティングシートでキリンの模様を加えました。「風力麒麟」という製品名をつけて、日本産業技術教育学会が主催するエネルギーコンテストに応募し、見事に日本機械学会長賞と特許庁長官賞を受賞しました。

ものづくりや研究によって他学年の生徒がつながることは珍しいことではなく、課題研究を中心にとらえている本校では毎年のように繰り返されています。

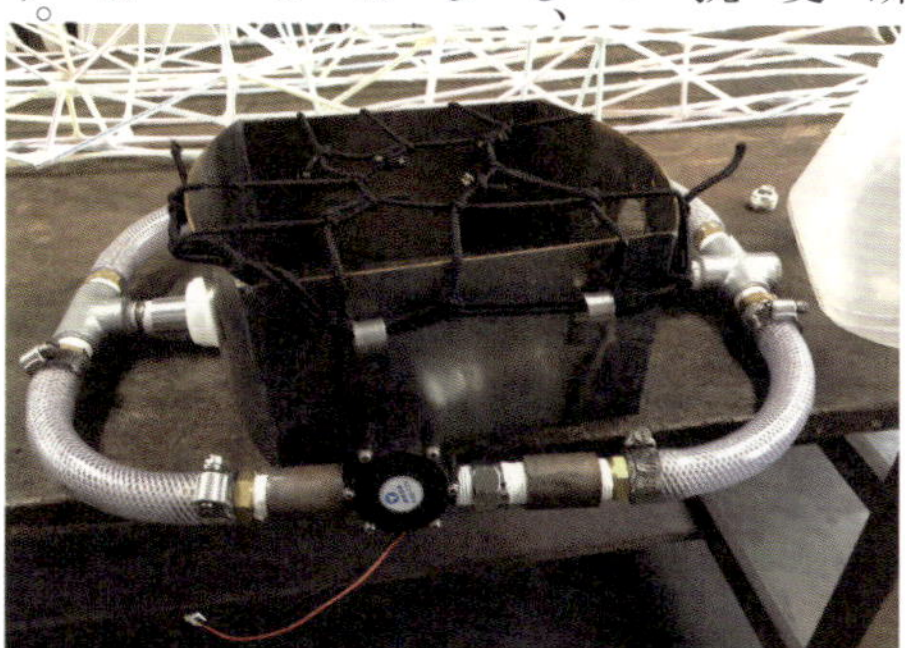

風力発電の試作品

A Swing Generator
Using Water Power Produced by the Wind

Field of Mechanical Systems Engineering , Tokyo Tech High School of Science and Technology

'A swing generator using water power produced by the wind power ' was built taking a hint from swing generators in Spain. The costs of building and operating this system are much lower than those of conventional wind and swing power generators. Moreover, it can be installed anywhere as long as the pole is flexible like bamboo. Electricity can be generated by swinging the pole by hand even when there is no wind.

Background

It is said that the power generation by natural energy has practical usefulness in the age to come. Therefore, I focused on especially wind power generation.

Merits	Demerits
* High efficiency of electric power generation * No any hazardous materials * It can generate electricity even during the night * No fear of resource depletion	* Huge size * Huge cost to maintain * Chances of bird strikes and environmental disruption from noise and low-frequency wave * Need to comply building law * Limitation of installation sites

Table 1. Wind power generation's features

Thus we made "Swing generator using water power produced by the wind", taking a hint from bladeless generators in Spain.

Purpose

To realize the new form of electricity-generating system which has only merit of wind power generation.

Systems

【Image of installation】

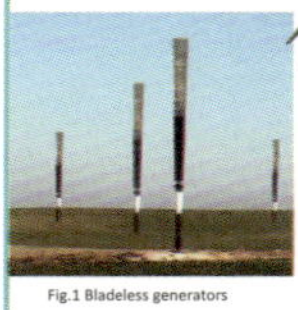

Fig.1 Bladeless generators

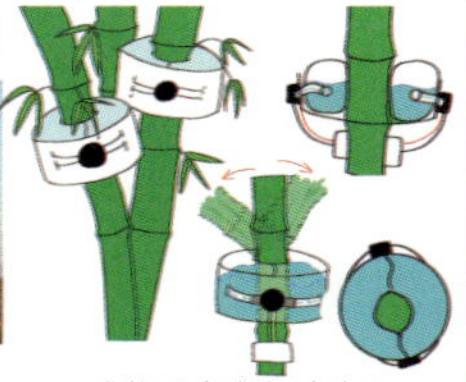

Fig.2 Images of application to bamboos

【The way to generate electricity】

Apply pressure on the tank
↓
Water flowing
↓
Twisting the micro hydrogenerator's turbine
↓
Electricity

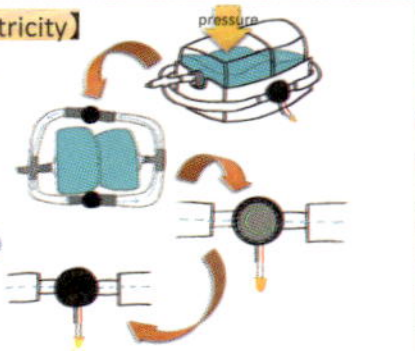

【Regarding system】

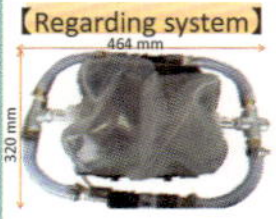

Fig.3 Basic information

It costs about 27dollars to build.

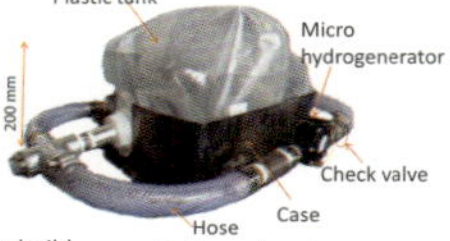

Fig.4 Systems' overview

Experiments

1.Water was into the plastic tank. 2. The plastic tank was applied by hand. 3. The circuit was hooked up to a digital multi-meter(HOZAN DT-110). 4. Measure the current, the pressure and the voltage of generated electricity with/without the LED light.

Results & Discussion

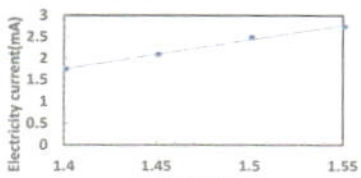

Fig.5 Relationship between Current and Pressure with LED

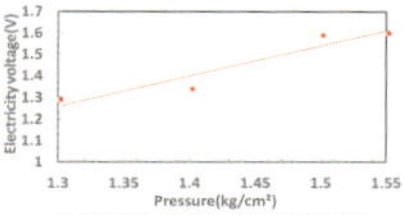

Fig.5 Relationship between Voltage and Pressure with LED

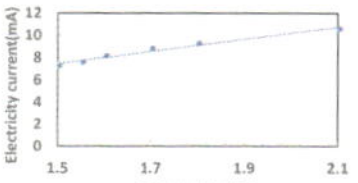

Fig.6 Relationship between Current and Pressure

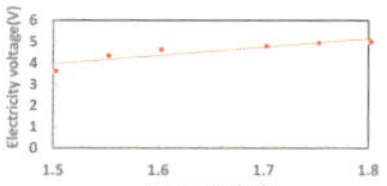

Fig.7 Relationship between Voltage and Pressure

By using this system, electricity was generated.

These results shows that pressure bears a proportionate relationship to electricity current and voltage. Voltage is measured more easily than current. Quantity of flow was not enough to generate electricity. There are two main reasons. First, hose diameter was so large that water flow velocity was reduced. Second, the method of applying pressure on the plastic tank was not effective.

Conclusion

The idea of generating electricity by using motion of swing came true, costing only a little. Both of current and voltage of generated electricity were enough to brighten the LED light.

Further Study

For application to bamboo, system should be downsized, trimmed made lighter and removable. Besides, to establish and practice a new way to flow water in the plastic tank without applying pressure on that by hand will lead to the goal. For such occasions, it seems to be necessary to make the whole system more efficient. And now this system is patent pending in the Japan.

References

1. RECOD(19, March, 2018) Merits and Demerits of Wind Power Generation
http://www.recod.jp/epress/recycle-wind-merit/
2. VORTEX Bladeless (18,March,2018) https://vortexbladeless.com
3. NUST SCIENCE SOCIAL BLOG(22,June,2018) Image of bladeless generator https://nustscienceblog.wordpress.com/2015/05/31/biztech-vortex-bladeless/

ISSFで発表したポスター

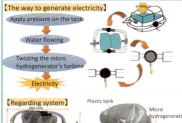

例えば、水中ロボットの製作は、ペンギンやウミガメなど形状の工夫や、方向転換のためのフィンをなくしたロボットや干潟を探索するなど、先輩のアイデアを基に自分たちのアイデアにつなげていきます。年々改良されて、より完成度を高めたものづくりが10年以上もの間、引き継がれています。現実の技術開発の世界では、世代間の技術やアイデアの継承が要になっています。ものづくりを介して、学年を超えてつながることは、生徒たちが高いレベルで研究を行う基礎になっていると思われます。「先輩に恥ずかしくない研究をやり遂げる」「先輩ができたんだから自分たちもできる」「後輩のがんばりがうれしい」「この研究がいまだに続いている」生徒やOB・OGのこれらの言葉には、〝ものづくりでつながる本校の文化〟の一端が表れています。

夏休み中の自主的な製作

6 パソコンの使いかたが違う理由

「普通高校の友だちは『動画を見る』道具としてパソコンを使っているのに対し、本校の生徒は毎週のレポートを書き、3Dの図面をかき、プログラミングを行い、発表のプレゼンテーションもつくる。存分にパソコンを活用している」。中学時代の友だちと話して気づいた生徒が話していました。

本校では、パソコンの持ち込みを自由にしており、課題研究でもテーマのほとんどが、3D製図による設計や3Dプリンタ・レーザー加工機のデータづくり、プログラミングということで、パソコンを活用しています。そのため、昼休みにクラスをのぞいてみるとクラスの4分の1程の生徒がノートパソコンを開き、設計やプログラミングを行っている光景も日常です。

３Ｄプリンタも先生の許可を取れば自由に使用できる環境を整えているため、授業の前に３Ｄプリンタをセットし、できた製品を放課後に取りに来ることも珍しいことではありません。パソコンや３Ｄプリンタを自由に使える環境があってこそ実現する、ものづくりの学習現場です。

生徒の使用しているノートパソコンには思い思いのシールが貼ってありますが、このシールもパソコンとカッティングプロッタを活用し、自分でつくったものです。中には、修学旅行でテーマパークに行く前に、コンピュータでオリジナルマークの図面を作成し、カッティングプロッタでアイロン接着シートを切り出して、おそろいのパーカを製作する生徒もいます。自作のパーカで楽しんだことは、修学旅行の中でも心に残る思い出になったそうです。

また、機械システム分野の生徒がしばしば使う言葉が「ないものはつくる」です。そして「壊れたら直す」。壊れたら買うのではなく、修理する。自分たちの使いやすいように改造や工夫を加える、このような活動は自身の技能と結びつけながら、自分の頭で考えなければできません。与えられた課題をこなすのではなく、自分たちで考え、行動に移せる力を身につけることで、このような言葉や態度が培われます。

課題研究のために購入した部品の規格が合わず、作業が止まる場面が多々あります。その際にも、新しい部品を購入するのではなく、自分たちが選定した部品を、責任をもって加工しなおし機能するようにしています。多くの困難を乗り越えて、これまでになかったものをつくり出します。ものをつくることの裏に、多くの困難があることを、実体験を通して知っている生徒たちの「ないものはつくる」という言葉には彼らの誇りが詰まっているようです。

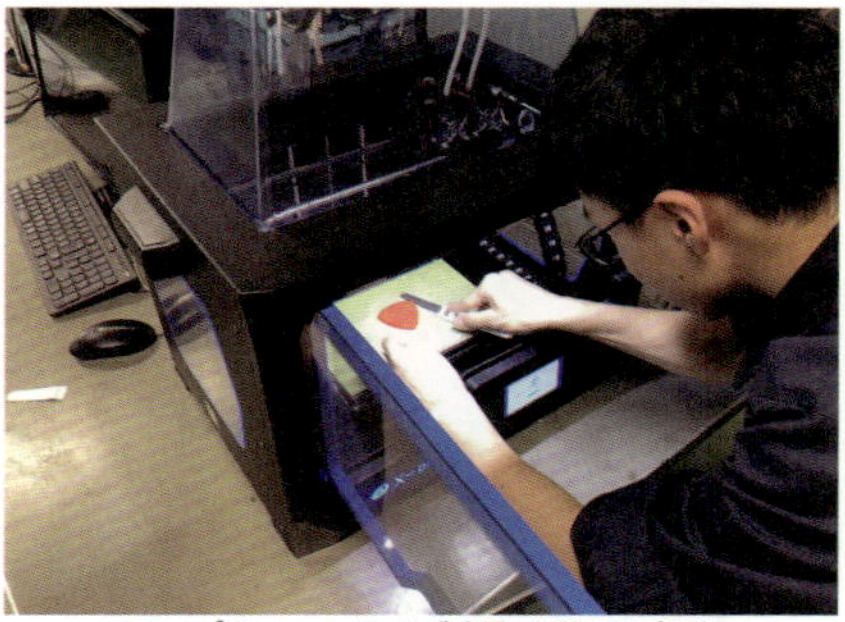

3D プリンタから製品を取り出す

本格的な金属加工技術を身に付けると、様々なものを修理することもできるようになります。例えば、教室の壊れた椅子は新しいものと交換するのではなく、自分で直す。自分が直した椅子にクラスメイトが座っても壊れないという経験は、「もっと技能を向上したい」という意欲や「自分たちの技術は間違っていない」という自信を育み、技術全般への尊敬の心を培っていることでしょう。

7 高い評価を受けるものづくりの成果

本校のものづくりの成果は、多くの科学賞などで高い評価を受けています。大学受験の多様化のなかで、科学賞を受賞することは大学進学の可能性を広げることにつながっています。最近の受賞結果を挙げてみると、次のようになります。

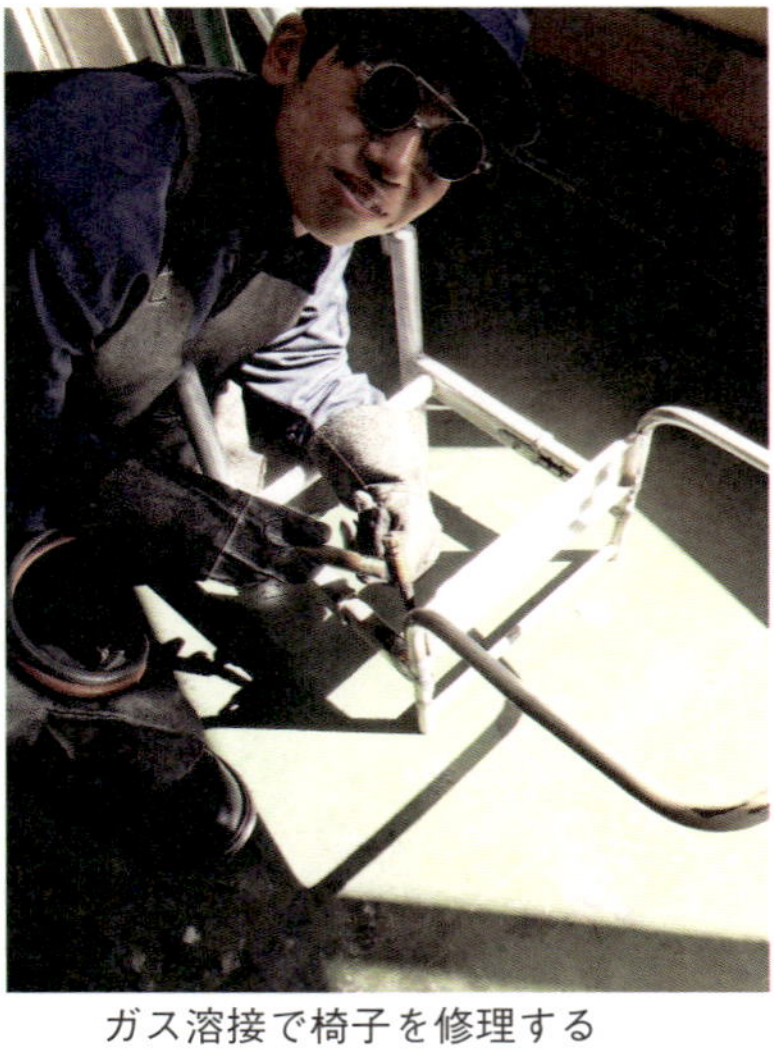
ガス溶接で椅子を修理する

- 日本産業技術教育学会主催第21回「エネルギー利用」技術作品コンテスト、日本機械学会会長賞と特許庁長官賞受賞「風力麒麟」（風車を用いない安全で設置しやすい新しい揺動風力発電の開発）
- 朝日新聞社他主催第16回高校生科学技術チャレンジ優秀賞（最終審査進出作品）「剣道における有効打突判定システムの開発」（圧力センサや加速度センサを用いた剣道の判定システムの開発）
- 文科省特許庁主催平成30年度パテントコンテスト日本弁理士会会長賞「伸縮式カヤック」（カーボンや防水シートを活用した自転車で運べる大きさに伸縮するカヤックの開発。この受賞により、弁理士の支援を受けて特許を取得）
- 2019SGH甲子園研究成果プレゼンテーション出場（風力発電を身近にしたエコシティの提案）……

以上の成果は、学校全体の受賞ではなく2年生のひとクラスの1年間での受賞です。専門性の裏付けのある独創性は、これからの社会においてこそ必要な力といえます。15〜18歳の多感な時期に自身の内面をも成長させる専門性を身につけることができる、本校の価値は決して小さくないと確信しています。

8 責任と自由をもって集大成の「課題研究」をやり遂げる

「すごい研究で驚かせたい」「これまでで最高のものをつくりたい」という生徒の高い意識のもとに実施されている授業が「課題研究」です。実習の内容を検討するときも「課題研究」のためにどのような基本技能が必要であるかを職員間で議論を行いながら決定しています。専門分野における他の科目も「課題研究」に必要な知識と技術を考えながら構築されています。生徒と教員の両者にとって本校における学びの集大成として「課題研究」は位置づけられています。

「課題研究」では、生徒自身がテーマを設定し、部品の選定や実験方法に至るまで教員のアドバイスのもと責任をもって行います。その責任のもと、放課後や夏休みの時間を利用して自由に作業を行うこともできます。この責任と自由を持ちながら、困難を乗り越えてやり遂げる経験は、多くの生徒にとって初めてで貴重な経験になります。自分の頭で考え、計画を立て行動し、記録と考察を行い、それを継続していかなければ、「課題研究」をやり遂げることはできません。このような「課題研究」への取り組みは、現実の社会の営みそのものであり、その後の進路を自身の力で切り開くための大きな自信につながっていくと考えます。

旋盤の製品をインスタグラムに投稿していたSさんは、「課題研究」でのアイデアをもとに「波力による圧縮空気を利用した真水生成装置と海上栽培」をプレゼンテーションし、千葉大学に自己推薦で合格しました。面接の際、「他の生徒にはないユニークな発想だね」と褒められたそうです。10年後の農業に関するプレゼンテーションで、他の生徒はAIとIoTとパワードスーツなどのニュースで語られている用語を並べたものが多かったそうです。それに対し、「圧縮空気装置をつくったことがある」という経験に基づく具体的なアイデアは光り輝くものでした。

Sさんは工学部ではなく園芸学部に進学しました。震える手でタップハンドルを握っていたIさんは、東京理科大学の経営学部に一般入試で進学しました。園芸学部や経営学部で、本格的な金属加工の経験がある学生は希少な存在です。他の生徒たちも、生物系の学部や法学部、医学部など多様な学部へ進学しています。ものづくりの経験を持って他分野の大学に進学することは、新たな創造の種を植えることになります。

京都大学の山中伸弥教授がｉＰＳ細胞の開発において、生物・医学系と畑違いな工学部出身の研究者の品質管理のアイデアによって、生産性が著しく向上したというエピソードがあります。高校時代に一つの専門分野を確かに学ぶことは、決して可能性を狭めることではないことをよく示しているエピソードだと思います。

プログラミング教育の必修化やロボット教室の盛況など、近年ではものづくりやコンピュータ・ロボットを活用するような教育内容について特に小・中学生とその保護者から注目されています。それは、具体的な課題解決能力を身に付けることが、これまでの教育の弱点であると考えられてきたからです。本校の機械システム分野の「課題研究」を中心に据えた取り組みは、多くの普通高校の授業では達成しえない、新たな価値観の創出や挑戦する心を育みながら、授業に参加することで全員の生徒の成長を促しています。

受験学力という他者が定めた基準で進路を選ぶのではなく、ものづくりと真剣に向き合い、自身の力で進路を切り拓いていく。実感のある学びを背景として、生徒一人一人が成長のストーリーを描く高校が、未来の高校の一つの姿ではないかと考えています。

（辰巳育男）

第4章　普通科におけるものづくりの学び

1 日本の木材加工の技術の高さを学ぶ

「情報の授業は楽しいけれど、ものづくりもしたい」それが私の願いでした。

私は高校の教科「情報」の授業を主に担当しています。コンピュータの技術を生徒とともに学ぶのは楽しいのですが、少し物足りなさも感じていました。ものづくりをしたくても、高校普通科にはものづくりにじっくり取り組める科目がほとんどありません。

私が勤めている中高一貫校では、半世紀余りにわたり、教科の枠を超えた総合的な学習（総合学習）に取り組んできました。本校では、中学3年生と高校1年生の総合学習として「課題別学習」があります。授業は週2時間、1年間を通して行われます。この課題別学習では、教師が設定した13〜15のテーマの講座の中から、生徒が自分の興味・関心の高いものを選択します。

そこで、課題別学習に「生産技術入門」という講座を開設することにしました。この講座を開設した理由は、生徒に日本の木材加工技術や道具のすばらしさを知ってもらいたいということが一番に挙げられます。世界最古の木造建築である法隆寺は約1300年前に建立されました。その時代には機械は存在しません。当時の人々は手工具を使って木材を加工して、あのような大きくて丈夫な建物を造り上げました。このような日本の木造建築の技術を生徒とともに学びたいと思ったのです。

この授業ではできるだけ機械を使わず、鋸（のこ）、鉋（かんな）、鑿（のみ）などの手工具を使用して木材を加工します。生徒には個人用の鉋と中砥石（中程度の粗さの砥石）を持たせ、それ以外の道具は学校のものを使用します。また、京都にある古建築から学ぶ宿泊学習や、工場見学を実施し、生徒が本物に触れる機会を設けています。

選択科目なので、この授業を受講する生徒は毎年15名程度です。中には、ものづくりは好きだけれども、教科の勉強は苦手なため自信を無くしているように見える生徒もいます。「ものづくりは人づくり」という言葉を聞くことがあります。じっくりものづくりに取り組む時間を通して、生徒に自信を取り戻させたいという思いもあります。

本章では、その授業の内容と生徒の学びの様子を紹介します。

2 鋸とのみだけで三本組木に挑戦

最初に製作するのは、3本の木を直角に組み合わせた三本組木です。三本の木が組み合わさる部分を鋸とのみを使って精確に加工しないと、組み合わせたときに隙間ができてしまいます。簡単そうに見えますが、工業高校建築科で取り組むような難しい課題です。まず、鋸により木材を直角に切断する練習をします。鋸で木材を切ったら、切った部分を直角定規により確認します。

・のこぎりは力をいれて切るのではなく、のこぎりの重さでひいた方がきれいに切れるということを知ることができました。

三本組木

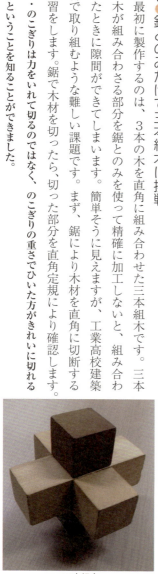

生徒は早く切断したいため、鋸を持つ手に余計な力が入りがちです。そうなると直角に切断するのは困難です。初めはなかなかうまくできませんが、何度も繰り返すうちに、手で鋸の重さを感じながら切っていく感覚をつかんでいきます。

・前回は片目だけで見ていたのを両目に変えたところ、まっすぐに切れるようになったので、前回よりは良くなったと思う。

鋸が傾いていると直角には切れません。右眼で鋸の右側、左眼で鋸の左側を見ることによって、鋸をまっすぐにひくことができます。でも、すぐにうまくはいきません。自分では両眼で見ているつもりでもどちらかに偏っているものです。切断した面がどちらに傾きがちかをよく見て、自分の癖を分析させます。このように時間をかけて道具と向き合うことで、加工するコツをつかみ、満足のいく切断面を得られるようになります。生徒は道具や材料から学んでいるのです。次に、鋸により木を5ミリ、10ミリ、15ミリに切る課題を出します。ここまでくると生徒はどんどん課題をクリアしていきます。

鋸をある程度じょうずに使えるようになったら、いよいよ三本組木の製作を始めます。まず、材料となる木材の表面に加工基準となる線を描きます。この作業をけがきと言います。次に、このけがきをした線に沿って鋸により切り込みを入れていきます。その後、必要のない部分をのみにより剥がしとります。このとき、一度に多く剥がそうとすると材料が割れてしまうことがあります。最後に3本の木を組み合わせます。

・三本組木がぜんぜんはまらない。最初の段階できちんと長さどおりに切っておけば、こんなことにはならないとわかった。すべて正確に切ったり、削ったりしなければいけないと思った。

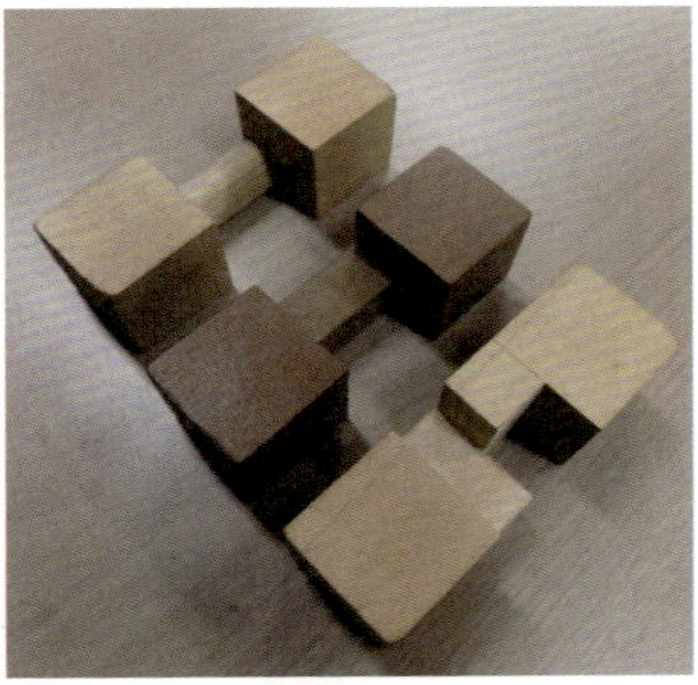
三本組木の部品

けがきの線の通りに鋸で加工できていないと3本の木はうまく組み合いません。組み合わせる部分が当たっているところを、のみを使って少しずつ削っていきます。とても根気のいる作業ですが、それが楽しいという生徒もいます。完成が近づいているため、生徒は集中して作業に取り組みます。

・三本組木が中々うまくはまらなかった。ちょっとずつ削って穴を広げていった。のみで削る方がやするより速い。

生徒はヤスリを使いたがりますが、のみを使ったほうが正確に加工できることに気づきます。こうしてそれぞれの道具の特徴をつかんでいきます。

3 職人に近づく鉋の薄削り

鉋は木材の表面を削って仕上げる道具です。木材の表面を薄く均一に削ることにより、表面が鏡のようにきれいに仕上がります。生徒には自分用の鉋を購入させているので、自分の鉋が届くと、早く使いたくてうずうずします。買ったばかりの鉋はすぐに使えると思っていますが、買ったばかりの道具はそのままでは使えず、仕込みが必要です。

鉋は刃の頭を木槌で叩いて刃先を鉋の台から少しだけ出して使います。しかし、買ったばかりの鉋は木槌で叩いても刃が台から出てきません。そのため、鉋の刃と接する鉋の台の表馴染《おもてなじみ》をのみで少しずつ削ります。

次に、肝心な鉋の刃ですが、買ったばかりの鉋の刃は、裏側（裏刃）が平らになっていない場合が少なくありません。そのため、生徒に砥石を使って研がせます。これを裏押し（裏刃研ぎ）と言い、砥石に裏刃を平らにあてて研ぎます。少し研げば裏刃が平らになるものもあれば、いくら研いでも平らにならないものもあります。しかし、裏押しを繰り返すと裏刃が広がってしまいます。これをべた裏と言い、鉋の刃にとっては良い状態ではありません。生徒の中には一生懸命研いでいて気づいたらべた裏になっていたという生徒がいます。研ぐのは地味な作業ですし、手が汚れて鉄臭くなって嫌になりそうなものですが、熱心に研いでいます。早く鉋を使いたいという思いと、研ぐ作業が新鮮であり、研いでいくことで変わっていく鉋の刃先を見るのが楽しいようです。

裏刃が平らでない場合は、裏刃のへこんでいる部分を表側から叩き出します。これを裏出しと言います。裏刃が平らになったら、次に刃の表側の先の部分（切れ刃）を、中砥石、仕上砥石（粒度が細かい砥石）の順に研いで仕上げます。

鉋の仕込みが終わるといよいよ木材を削ります。鉋削りの練習には40×40×４００ミリの米ヒバを使用しました。練習用の材料の１つの面を、材料の幅、長さの削りくずが出るように削ります。木材をできるだけ薄く、10／１０００ミリ程度の削りくずを出すことを目標としました。きれいに削れたら、削りくずの厚さを測ります。生徒は、削りくずが作業机いっぱいになるほど熱中して削っています。

生徒が鉋削りをある程度できるようになったところで、ビデオ教材『かんな削り日本一・腕に覚えあり』（ＮＨＫにんげんドキュメント）を見せました。このビデオでは鉋による薄削りを競う職人たちが登場します。

・うまくかんなで削るために、かんなの刃先を研いだり、かんなの台を少しへこませるなどの工夫がないと薄くは削れないことがわかった。うまく削るには努力が必要だなと思った。

できるだけ薄く削るために半日かけて鉋の刃を研いだり、鉋の台を調整したりする職人の姿に生徒は圧倒されます。

鉋削りに熱中

・とてつもなく薄かった。新聞紙に乗せても新聞紙が見える（読める）のにはとても驚いた。かんな職人はいかに薄く削るかを極限まで考えているところがすごいと思った。

・まだ自分は練習していなくて分厚いやつしか出ないけど、練習してせめて紙の文字が読めるくらい薄いものを出してみたいなと思った。

このビデオを見たあと、鉋の刃を研ぐ欲求が高まる生徒が少なくありません。生徒は、刃を研いでは削ってみるのを繰り返します。鉋削りの練習を繰り返すことにより薄く削れるようになり、中には８／１０００ミリの削りくずを出す生徒もいるのです。

4 建物の見方が変わる関西宿泊学習

10月の文化祭が終わると、いよいよ生徒が最も楽しみにしている関西宿泊学習です。

関西には歴史的に価値のある木造建築が数多くあります。これらの木造建築の構造の違いを目で見て確かめることや、建造物が持つ迫力を肌で感じてもらいたいと考えたのが、宿泊学習を始めたきっかけです。宿泊学習では、室町時代に建てられた東山慈照寺の観音殿（銀閣）、桃山から江戸時代の建物が残る南禅寺、明治初期に建てられた京町家、明治時代以降に西洋の建築様式により建てられた北野異人館、さまざまな年代の建物を見学します。また、社寺建築や補修をおこなう宮大工の会社では、木造建築や宮大工の仕事について学びます。さらに、大工道具や、伝統的な包丁づくりについても学びます。

・以前は気づくことのなかったことを意識して見るようになった。それは内装ではなく、建物自体の構造から建築された年代を考察することだ。社寺建築では屋根が大きくせり出ていることが多い。これは水や湿気に弱い木の柱などを雨から守るためであるが、支えもなしに重い屋根を出すことは難しい。平安時代の後期にもなると屋根をより長くする方法ができる。それが桔木《はねぎ》工法だ。

これはてこの原理を利用したもので、完成すると外からは見えず、従来よりも強固により長く屋根を作れるようになった。また桔木と瓦だけで屋根を支えることができるため、垂木《たるき》の構造上の重要性が薄れ、必要なくなった。これにより平安時代後期の前と後では垂木の大きさや間隔が異なり、垂木を見ることによりある程度年代の特定が可能なのである。南禅寺の垂木は大きく間隔の幅が狭いのに対し、銀閣寺にある建物の垂木は小さく、幅が広かった。このような点を意識して建物を見ることは新鮮であったが非常に楽しく、ためになった。これからはもっとこのようなことを知り、構造から建物を見ていきたい。

・今回の宿泊学習を通して、物の見方（特に木造建築）のバリエーションを増やすことができたと思う。以前、京都に旅行で来たときは銀閣などを見ても特になにも思わなかったが、今回は様々な目線からその構造などを見ることができた。これから先もこのさまざまな視点を忘れず、いろいろ考えながら歴史的な建造物を見ることを続けるようにしたい。

宿泊学習を終えた生徒の感想には、京都にある歴史的な建造物の迫力に圧倒され、木造建築の伝統的な工法を学んだことにより、建物による構造の違いにも目を向けています。建物の見方が変わり、より多くのことを建物から学んでいます。

・直接、地元の人たちから話をきけるのは、本当に貴重な体験なので、忘れずに大切にしていきたいと思った。地元の人たちの伝統工芸への想いが、すべての場所で感じられた。次につないでいくのは君たちのような若い世代だと数か所で同じことを言われ、少し責任を感じた。

木造建築に携わる人たちの話を聞き、日本の木造建築の技術の素晴らしさに気づきました。それを後世に伝えていくことが必要だと感じたようです。これまで自分たちがものづくりに取り組んできたからこそ、その担い手としての思いが芽生えたのだと思います。

このような感想を持った生徒たちが、宿泊学習で訪問した場所でどのような学びをして変わっていったのでしょう。

5 道具から信念を学ぶ

・まず道具の種類の多さに驚いた。ノミやかんなも10種類以上もあり、使う場所によって道具を使い分けることがすごいと思った。大工道具がなぜこのように種類があるのかというと法隆寺のように何百年も残しておきたいものであればあるほど強固な木組みと精緻な仕上げのため一つ一つの工程で丁寧にやらねばいけないからだと言っていました。僕は長年日本人が大切にしてきた信念を学んだと思いました。

日本唯一の大工道具の博物館である竹中大工道具館を見学した生徒の感想です。一人の大工が持っている道具の展示では、鉋だけでも用途によってさまざまな形のものがあることがわかります。他にもたくさんの大工道具が展示されていて、その歴史や種類の多さは、生徒の想像を超えているようです。

学芸員の方が1時間半ほどかけて館内の常設展示（地下1・2階）の説明をしてくれました。地下1階に降りていくと最初に目に入るのは、地下2階からの吹き抜けに展示されている唐招提寺金堂の柱と屋根の一部分の原寸大模型です。その大きさに圧倒されます。丸い柱を加工する工程の話を聞き、想像していたよりも多くの工程があることや、電動工具のない時代にこれほど大きな柱を、手工具により精確に加工した職人の技術に生徒は驚きます。

・一番印象を受けたのは、日本と外国では道具の扱い方が違うということだ。日本は古来より作業するときは座ってする習慣があったのに対し、外国では立って作業をするため道具を押しながら使うのだ。美しさを追求するために独自の使い方を考案した日本人がいたからこそ、今、我々は安心して質の良い住まいに住まわせてもらっているのだと考えさせられた。他にも茶室のとても繊細な造りに圧倒された。

生徒は、日本と海外の道具の違いを学び、この日本独自の道具の進化が、日本の木造建築を支えてきたことに思いを馳せています。一方で、このような大工の技術は失われつつあるという話を聞き、生徒は寂しさを覚えると同時に、授業でそれらの道具を使う機会があることが良かったとも思います。授業を受講している中に、将来、大工になりたいと考えている生徒はほとんどいませんが、今回の見学を通して日本の大工の技術の素晴らしさを実感し、それを後世に伝えていってくれることでしょう。

6 「桔木が見たい」

社寺建築を見ていると「桔木が見たい」という生徒がいます。桔木は平安時代の後期から大きな屋根の軒を支えるために使われるようになりました。桔木は屋根と天井の間にあるため、建物を解体しないと見られないことは生徒もわかっているのですが、それでも見たいと言うのです。生徒が桔木に興味を持ったのは、匠弘堂《しょうこうどう》の社長の横川総一郎氏の話を聞いたからです。

匠弘堂は京都にある宮大工の会社で、宮大工とは社寺建築の新築や補修を行う大工のことです。宿泊学習では、匠弘堂を訪問し、社寺建築の歴史や構造の変化、宮大工の仕事などについて、横川氏に1時間程度の講義をしていただきました。横川氏は「桔木大好き」と生徒に公言されるほど、社寺建築を愛しています。

・垂木の本来の目的や装飾としての発展を詳しく聞いた。もともとは瓦を支えるためのものだったが、桔木の登場により役目がなくなり屋根の裏側をかざるものになっていった。実際に見てそのデザイン的な役目は大きいと知った。構造的役目がなくなったものをデザインとして生かす日本人の美意識に感動した。また屋根以外の内部の構造や工夫についても興味がわいた。

社寺建築において桔木が使われるようになり、それまで軒を支えるために使われていた垂木はその役目を終え、屋根のデザインの一部になりました。横川氏は、生徒たちに建物を見る時には、垂木の太さや本数、配置の仕方に注意して見て欲しいと話されます。

最後に作業場に移動して、生徒全員が鉋削りを体験しました。生徒は普段使っている自分の鉋とは違い、職人の使っている鉋はあまり力を入れなくても削れることや、削った後のつるつるになった木の表面の触り心地に驚きます。

・自分の得意なこと、好きなことを仕事にできることはとても幸せなこと、私もそんな仕事に就くために今から自分の得意なこと、好きなことをたくさん見つけていきたい。横川さんは将来のことを考えなければならなくなったとき、自分の過去を思い出し、絵を描くことが好きだったこと、数学が得意だったことから今の仕事に就くことを考えたらしい。横川さんのように仕事に誇りを持てる大人になりたいと思った。

横川氏は大学を卒業後、大手電機メーカーに勤務しましたが、自分の手でものづくりがしたいという思いから、木造建築について一から学びなおして、匠弘堂を立ち上げました。横川氏は、好きな仕事に就き、毎日が充実していると話します。生徒は匠弘堂での体験を通して「みんなが輝いている」と感じ、自分も将来やりたい仕事ができるように学校の勉強を頑張ろうと決意を新たにします。

横川氏の話を聞いた後、東山慈照寺（銀閣寺）や南禅寺を見学した際、生徒は屋根の構造に注目して見ています。桔木は外からは見えませんが、銀閣寺の垂木は細く本数も少ないことから、桔木が使われていることがわかります。一方、南禅寺の三門はとても大きく、銀閣寺よりも太い垂木が使われていることが見てわかります。「大きな建物だから垂木が太い」「桔木は見えないけど屋根を支えている」というつぶやきが生徒から聞こえます。「建物を見るときに、その建物を建てる側の目で見ることができるようになった」と言うように、生徒の建物を見る

職人の加工した仕口の精巧さに感動

目が変化したのを実感します。

7 鉄は熱いうちに打て

大阪府堺市は江戸時代から続く刃物の有名な産地で、ここで造られた包丁はプロの料理人に愛用されています。包丁は木造建築と関係ないように思われるかもしれませんが、大工道具である鉋やのみの刃の構造は包丁と似ています。これらの刃物は、ハンマーで叩いて強度を高めています。これを鍛造《たんぞう》と言います。

榎並刃物製作所の五代目である榎並正氏は伝統工芸士であり、堺を代表する鍛冶職人のひとりです。榎並氏は実演を交えながら包丁の鍛造の工程を説明してくれました。

・包丁は鉄を型を抜いてからそれを叩いて、削って作っていると思っていたが、長い板から作っていると知ってびっくりした。鉄の板と鋼の板がきれいにくっつかなそうだと思っていたけど、叩くことできれいに包丁の形になっていてすごかった。表面を研いできれいにするときに出る鉄粉が赤くてすごく（体に）あたったら痛そうだったけど、実際に触ってみると全然痛くも熱くもなくて、びっくりした。

包丁づくりの最初の工程では、1100℃に熱した鉄の板に小さな鋼の板をのせてハンマーで叩きます。榎並氏がハンマーで叩くた

ベルトハンマーによる粗たたき

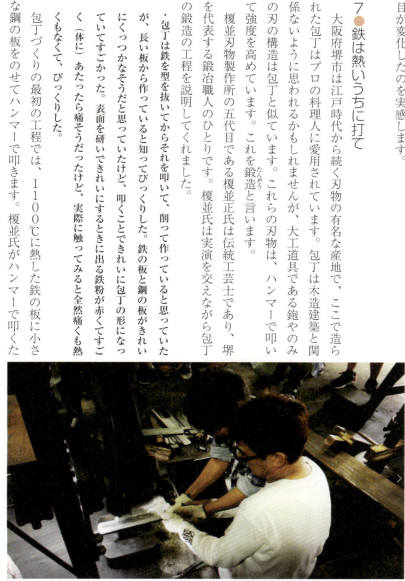

びに火花が周囲に飛び散ります。この火花は肌に触れるととても熱いです。さらにベルトハンマーで叩いて包丁の形にしていきます。生徒は「鉄は熱いうちに打て」という言葉を知っていますが、その迫力は実際に見ないと感じることができません。

鋼を熱する炉の前に立たせてもらい、温度の変化による火の色の違いを見せてもらいました。生徒は炉の熱や眩しさに驚きます。榎並さんは炉の中の火の色を見て、鍛造に適した温度を判断しています。

包丁の形ができあがったら、刃の部分をグラインダーという機械で研ぎます。このとき、包丁の削っている部分から赤く光った鉄粉が飛び散ります。熱そうに見えますが、触っても熱くありません。

・今まで何となく鍛冶屋というのは過酷な環境（とても暑かったり）で黙々と仕事をしているというイメージを持っていたが、実際に見てみて炉の熱さや眩しさなど、想像以上に辛くて大変だった。思ったよりも機械による作業が多かったが、温度の見極めや鋼の延ばし具合など、プロでないとできない技をたくさん見せてもらい、たとえ電動の機械が入ってきたとしても、最終的な見極めの部分は人がやらなくてはいけないので、昔と多少形は違えど、職人技というのはきちんと受け継がれているということを改めて確かめることができた。

生徒は、刃物についた酸化鉄をとる伝統的な方法や、ベルトハンマーによる粗たたき、包丁の型に合わせての刃物の切断も体験させてもらいました。自分で包丁づくりをやってみながら、榎並氏の技術の高さを実感し、機械を使っていても、職人の高度な技術がなければ包丁がつくれないことを感じ取っています。映像などで見るだけではなく、実際に体験することでわかることです。

・さすが職人とあっけにとられてしまうほど、簡単にこなしていてとても感動しました。

一人で次々に包丁づくりの工程をこなしていく様子を見た生徒はこんな感想を残していました。

8 木工機械から伝わる130年の歴史

宿泊学習では、伝統的な木材加工の技術を学びました。一方で、現在の木造家屋やドアなどの建具、タンスなどの家具は機械加工されることが少なくありません。このような機械加工の工場見学のため、授業の時間を利用して東京都江東区木場にある清水建設東京木工場を訪問しました。東京木工場は1884年に開設され、現在は主に家具や建具などを製作しています。工場内には生徒が普段目にする機会のない大型の工作機械がたくさんあります。実際に超仕上げ自動カンナ盤での削りや、NC工作機械での加工の様子を見ました。また、設計―製作―施工の流れや、下地の板に薄い板を貼り合わせる練り付けの工程について説明してもらいました。

・機械化が進む現代の工場であっても職人たちの技術は残っているんだなと感じた。残すことが大切な技術だと思った。

・たくさんの大きな機械類があったが、これをうまく使うためには130年伝えられている歴史のある加工法から学ぶことが大切だと知って驚いた。

機械に取り付ける刃物は、ドアなどの曲線に合わせて作られます。この刃物は職人が手作りしています。機械で加工するにも伝統的な技術が必要なことがわかります。

・たくさん賞をとっていて、キラキラ輝いていて驚いた。しかも、作品に合わない程の速さで作られていたため、さすが匠の技だと思った。機械を使う時もやはり熟練度があり、そこにも匠の技は表れていた。精密で丈夫な物を作れる人はすごいと思った。

工場内には、1級技能士資格者による全国大会である技能グランプリや技能五輪全国大会で金賞をとった家具が展示されていて、触らせてもらいました。技能グランプリでは、小型の家具を12時間で作ります。短い時間で作られたにも関わらず、その家具の出来栄えに生徒は驚きます。

事務所1階展示室には、大工道具やさまざまな木材の見本、仕口《しぐち》の見本などが展示されており、触れて学べます。仕口とは木造建築の柱と梁のように、長い木材を直角に組み合わせて接合する部分のことを言います。

9 集大成としての作品製作

これまで学んだ木材加工の技術の集大成として、1月から木工作品の製作に取り組みます。製作には機械をできるだけ使わず、鋸や鉋、のみなどの手工具を使用します。木と木を組むときは仕口を利用して、釘やねじは使いません。作るものは椅子でも箱でも構いません。

製作を始める前に、仕口の一つであるほぞ接ぎの加工法を練習します。ほぞ接ぎでは、片方の木材に突起（ほぞ）をつくり、もう一方の木材に穴を開け（ほぞ穴）、ほぞをほぞ穴に差し込んで2本の木材を接合します。鋸を使ってほぞの加工、のみを使ってほぞ穴の加工をするのですが、ほぞやほぞ穴が斜めになってしまうと、2本の木を組んだ時にねじれが生じてしまいます。また、2本の木を組んだ時に隙間ができてしまうこともあります。

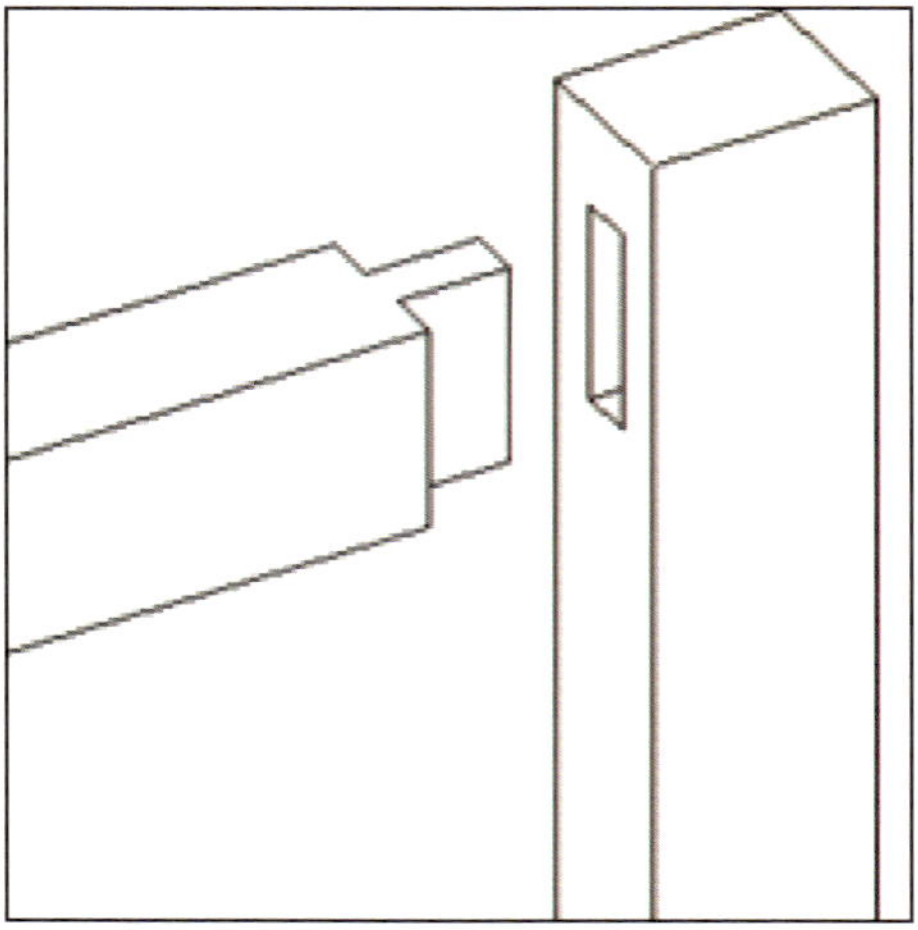
ほぞ接ぎ

生徒はほぞ接ぎを1箇所つくるのに1時間ほどかかります。それでも集中して取り組んでいる姿を見ると、良いものをつくりたいという生徒の願いを感じます。うまく加工ができたときの生徒の顔はとても嬉しそうで、私も嬉しくなります。

最後に自分たちが設計した椅子などを2か月ほどかけて製作します。完成した作品は課題別学習発表会に展示して他の講座の生徒にも見てもらいます。

10 やり切った先に見えてくるもの

木材加工をテーマとした「生産技術入門」という授業において、生徒は1年間を通して道具の使い方や加工法を学んできました。鉋やのみを使った実習では、道具を安全かつ適切に使用できるようになるまで十分に時間をかけて繰り返し練習を行いました。

・慎重にやること、集中することなどが1年を通し変わった。
・木を使ってものをつくることは楽しいことだとわかりました。

と、感想を述べています。

宿泊学習や校外学習で、職人の方の仕事の様子や話を通して、技術を見る目が変化していきます。自分たちが道具にこだわって製作をしてきたからこそ、難しいと感じたことを職人の方がいとも簡単にやっているのを見て「すごい!!」と実感します。そして、職人の技術は後世に残していく価値のあるものだと気づきます。

ある日、同じ教室内に技術科の授業で中学2年生が製作した作品が置いてありました。その作品に釘やねじを使っているのを見て、生徒は「ずるい」と言います。また、材料の接合部分に少しの隙間があるのを見つけ、「雑過ぎるでしょ」という生

課題別学習発表会における生徒の作品の展示

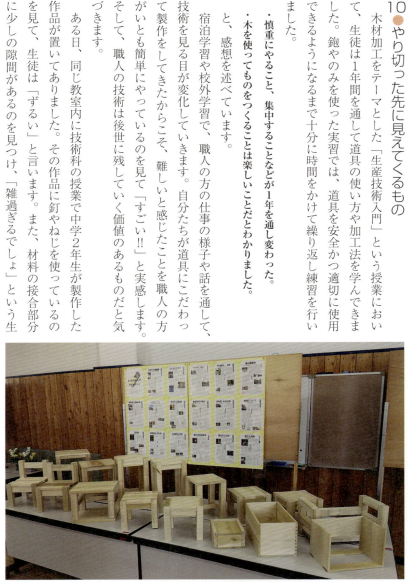

徒もいます。そんな生徒の姿を見ていると、1年間を通して伝統的な木材加工の技術を学んできた生徒のプライドを感じられ、嬉しくなりました。

授業では、中学3年生と高校1年生が一緒に学んでいます。この時期は子どもたちが精神的に大きく成長する時期です。生徒の学びの様子や、生徒が授業後に書く振り返りを読むと、やはり高校1年生の方が中学3年生よりも深く学んでいることがわかります。宿泊学習でも、技術者の方の仕事への取り組み方に触れ、高校生は自分の将来と結び付けて考えるようになっています。そういう面からも高校段階でものづくりを学ぶことには、大切な深い意味があると感じています。

（長嶋秀幸）

Column コラム

スポーツウエアのものづくり

工業系高校出身　沼田喜四司《ぬまだきよし》さん
株式会社ゴールドウイン
テクニカルセンター技術主席

《沼田さんの経歴》

1947（昭和 22）年 生まれ
1966（昭和 41）年 富山県立高岡工芸高等学校機械科卒業
1966（昭和 41）年 株式会社ゴールドウイン入社
1979（昭和 54）年 富山県小矢部市商工連合会　優良産業人表彰
2006（平成 18）年 厚生労働大臣表彰「現代の名工」受賞
2009（平成 21）年 春の「黄綬褒章」受賞
2018（平成 30）年 文部科学大臣表彰　科学技術賞（開発部門）受賞　等

スポーツウエアの試作・設計・CAD の技能について業界における第一人者である、沼田喜四司さんは工業系高校出身。立体裁断によるさまざまなスポーツウエアの商品開発に従事しています。

入社後のある日、上司から「君は機械科卒業なら、機械製図ができるか？」と聞かれ「できます」と答えたところ「機械製図ができるなら、洋服の製図もできるだろう」という話になりました。機械製図なら、正面図、平面図、側面図、立体図とありますから、なんとなく立体でとらえることもできたのですが、洋服（スポーツウエア）の立体は全く違います。洋裁の専門学校を卒業した先輩の傍で、専門知識なく取り組みました。洋服を立体的にとらえるとはどういうことなのか、悩みました。

そんなとき、「なるほど」と思うことがあったのです。それは地元・小矢部市のお祭り（津沢夜高あんどん祭）です。竹で骨組みを作り和紙を貼って武者絵を描いた大行燈がぶつかり合い、五穀豊穣を願い、秋の実りを祈願するお祭りです。小さい頃からお祭りには参加していて、中でも竹細工の骨組みは得意でした。現場合わせをしながら、なんとなく立体をイメージする術を身につけていきました。洋服の製図との共通点は、竹細工の骨組みと CG のワイヤーフレームですね。立体裁断研究の大きな助けになりました。

高校で学んだ製図の力と、地元の伝統文化で培った竹細工による骨組みの経験が、CG のワイヤーフレームでつながったのです。スポーツウエア業界での“平面裁断から立体裁断へ”の革新を生み出した、大きな原動力となりました。

ラグビー日本代表ユニフォーム

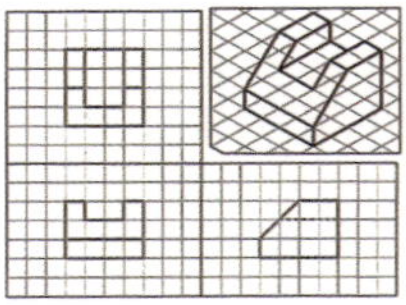

機械製図

＋

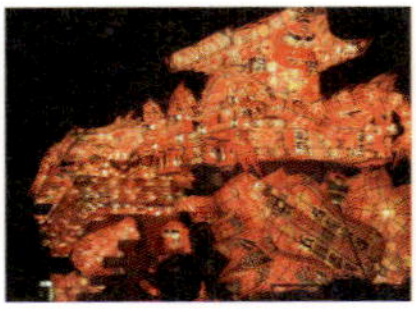

行燈

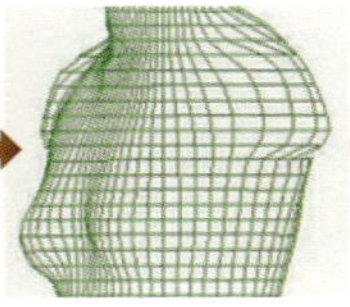

CG ワイヤーフレーム

立体裁断

終章●高校生がものづくりに取り組む意味

本書は、ものづくりに取り組む高校生たちの学びと成長の姿をみてきました。最後に高校生たちの姿から、高校段階でものづくりに取り組む意味を考えてみたいと思います。

ものづくりにのめり込む中で、学び、成長する高校生たち

第1章では、農業系の専門高校に通った女子生徒の成長の姿を父親目線で語っています。高校3年間を通じて、彼女は「社会に出ても大丈夫なように」（22頁）成長しました。具体的にいえば、「栄養士の資格取得を目指して専門学校に進学」（21頁）という、彼女自身が積極的に進みたいと思える道を自分で考えて選び、具体的な行動を起こせるようになったことです。彼女は専門的な実習を通して、商品として通用する食品の製造方法を学びました。共に学ぶ友人や、専門学科の先生方、学科ごとに異なる校則も含めたその学校・学科特有の環境や文化にも刺激を受けました。このような学びや刺激が、高校卒業後の生き方を具体的に考え、自分を大きく成長させる契機となりました。

第2章では、「デジキャス実習」で学ぶ工業高校1年生の様子をみてきました。３ＤＣＡＤと３Ｄプリンタという最新技術と、地域の伝統技術である鋳造を組み合わせた富山工業高校独自のものづくり実習が「デジキャス実習」です。生徒たちは、自分で考えたオリジナルの器を、失敗と試行錯誤を重ねながらつくり上げています。「本当の達成感を味わう良い機会」（38頁）等の感想は、この実習に大いに熱中していたことを物語っています。真剣に器づくりに向き合う中で、単に器づくりの方法を学ぶだけでなく、最新技術のもつ可能性、職人技の「凄さ」など、その気付きや学びの視野を現実社会にまで広げました。「デジキャス実習」は生徒にとって、社会で役立つ技術を真剣に楽しみながら学ぶことができる、魅力ある実習だったといえるでしょう。

第3章では、工業高校の「課題研究」の授業で、ものづくりに取り組む高校生の姿をみてきました。各コンテストでの受賞、特許取得など、社会的にもその価値を認められるレベルで成果をあげています。この取り組みの注目すべきは、単にアイデアが優れているだけでなく、実際に運用できるレベルで動くものをつくり上げている点です。その過程には、自らの知識や技能の不足を痛感させられる場面が多々ありましたが、その都度、必要な知識と技能を自分たちで身につけて課題を解決しています。先生等、他の誰かに用意された学習ではなく、自ら必要だと思うことを自ら学んでいく学習は、内容が生徒の中により深く浸み込みやすい学び方です。学習の成果として、社会的にも有用な製品を作り上げることで、生徒たちは、自分たちが学んだことの意味や意義を見いだし、自信をもつことができるのです。

こうしたものづくり実習を中核とする実感豊かな学習は、工業科や農業科などの学科がある専門高校でじっくりと学べます。他方で、現代日本の大多数の高校生が通う普通科では、十分な時間をかけてものづくりに取り組むことのできる必修の教科・科目は用意されていません。とはいえ、たとえ普通科であっても、工夫次第で、高校生がものづくりに取り組み、大きく成長する機会を用意することは可能です。

第4章は、普通科の高校生たちがものづくりを通して学ぶ姿をみてきました。取り上げた東京大学教育学部附属中等教育学校は、学校独自に「課題別学習」の時間を設定しており、その「課題」のひとつに「生産技術入門」を位置付けています。この授業では、学校で木材加工実習に取り組んだあとで、社寺建築や竹中大工道具館などの見学に出かけます。宿泊見学旅行で生徒たちは、「建物を見るときに、その建物を建てる側の目で見ることができるようになった」(65頁)というように、自らの建築物や道具に対する目線の変化に気付きます。このような変化は、事前の学校での三本組木や鉋の薄削り、釘や金具を使わない接合法等、道具を使いこなす技能がなければ達成できない本格的な木材加工実習に取り組んだ経験が土台となっています。木材加工の難しさと面白さ、奥深さを自ら体感することを通して、伝統的な建築技術の価値を実感し、それを守り伝える職人たちの言葉を深く受け入れられるようになりました。「(宮大工の横川さんのように)

仕事に誇りを持てる大人になりたい」（64頁）等の感想から、職人の言葉に刺激を受け、大工にならなくとも、自分の将来の生き方を真剣に考えるまでに至った生徒の姿をみることができます。

それぞれのエピソードからは、真剣にものづくりに取り組む中で、ものづくりを通して現実社会とつながり、自分の将来の生き方を具体的に考えている高校生の姿をみることができました。こうした学びや成長は、高校生という発達段階にとって、どのような意味をもつのでしょうか。

高校生が立ち向かうべき発達課題

高校段階は、親の保護下にあった子ども時代から自立した大人への移行期にあります。移行期はすでに中学校段階から始まっていますが、高校段階では、より大人への自立に向けて具体的な準備が必要です。

ここでいう自立に向けた準備のうち、最も重要なことの一つは、高校卒業後の進路選択・決定です。進学か就職か、という選択のほかにも、大学であれば専門の学部・学科、就職も業種等、多くの選択肢があります。どの道を選ぶかによって、生き方も大きく変わります。高校生は、無数の選択肢のなかから自分の進むべき道を選び、決定する必要に迫られます。これは、多くの高校生にとって初めての、重大な選択です。

では、高校生たちは、どうやって卒業後の自分の進路、生き方を選び取っていくのでしょうか。この本を手に取られた皆様は、どうだったでしょうか。自分の進むべき道を、確固たる自信と具体的な展望をもって選び、決定することは、現代日本の大多数の高校生にとって大変難しいことです。

その理由のひとつとして、高校生たちが高校卒業後の生き方について具体的に考える機会が少ないことが挙げられます。高校3年間で学ぶことに入学試験や就職試験を突破するための対策以上の意義を感じられず、自分の将来の生き方につながる実感をもつことが難しい、という現状があります。

自分のやりたいこと、できることは何なのか。社会で必要とされる仕事にはどんなものがあるか、また、それらの仕事にはどんな面白さや困難があるのか。自分を知り、社会を知り、自分と社会とのつながり方を空想ではなくリアルに考えることは、高校生が最も必要とする学びであるといえるでしょう。

高校生がものづくりに取り組む意味

本書で取り上げた高校生たちは、ものづくりを通して、単にものづくりの方法を学ぶだけにとどまらない成長を遂げました。「デジキャス実習」を「自分の未来を揺るがす良い機会」（38頁）だと感じた生徒、「課題研究」等でものづくりにのめり込んだ3年間を振り返って「ものづくりを経験することで将来の目標や自分に向いている目標への取り組み方に気が付けた」（42頁）という生徒は、まさにその好例です。

これらの高校生の姿から、ものづくりは、高校生が自分と社会とのつながり方を具体的に考える材料を与えてくれる活動であるといえます。さらに、ものづくりの過程では、道具や機械などの技術を使いこなす必要があります。技術は、人間の能力を拡大し、不可能を可能にする手段です。ものづくりを通して、新たな技術を使えるようになることは、自分のできることを増やすことであり、自分と社会との新たなつながり方、可能性、選択肢をつくることにつながります。ものづくりは、高校生が自信をもって社会とつながるためのきっかけを与えてくれるという点で、高校生の最も重要な発達課題に応える活動であるといえます。

なお、本書では、ごく数名の高校生の姿しか取り上げていません。その意味で、とにかく高校生にものづくりをさせれば誰もが確実に育ち、将来を見通すことができるとはいえません。

しかし、これらのエピソードからものづくりを充実させるために必要な共通要素を見出すことができます。

第一の点は、社会で通用する本格的なものづくりにチャレンジすることです。たとえば、本書で取り上げたような、市販される食品の製造や、釘や木ネジを使わない木材の接合法であるほぞ接ぎなど、仕事として成り立つ、もしくはプロの世界が垣間見えるものづくりがこれにあたります。高校生たちは、こうしたものづくりに取り組み、最後までやり切ることで、自分も社会で役に立つ仕事ができそうだという自信や実感をもつことができます。

第二の点は、失敗と試行錯誤を許容する環境づくりです。右記のような本格的なものづくりは、高校生が簡単に遂行できる課題ではなく、すべての工程を最初の一回で成功することはほぼあり得ません。たとえ失敗したとしても、その原因を振り返り、試行錯誤を繰り返し、失敗を乗り越えることで、高校生は大きく成長し、自信をもてるようになります。「課題研究」で新しい風力発電システムを作り上げたOさんの感想（48頁）は、まさにその証左であるといえます。失敗と試行錯誤を含めてじっくりとものづくりに取り組めるように、材料や時間等をできる限り豊富に用意したいものです。

第三の点は、高校生のものづくりを支援する大人の存在です。「課題研究」のように、自分たちの課題解決に必要だと思う知識・技能を自分たちで身に付けていく学習は有効な学び方ではありますが、教員などの大人が不要であるとはいえません。自分で気づけないような視点を与える言葉がけや、頑張りや成果を正当に評価し励ますことは、生徒たちの学びを広げ、より大きな成長をもたらす契機となります。第4章の例のように、学校で大工仕事の基本である木材加工を経験させてから、建築技術を学ぶ研修旅行を設定するなど、生徒の視野が自然と広がるような学習の流れを用意してあげることも、高校生に関わる教員や大人たちの重要な役割です。

以上の3つの点は、工業科や農業科などの専門高校に備わっている要素であり、これらの高校が3年間で生徒を大きく成長させる要因であるといえます。私たちは、こうした専門高校の良さを守りつつ、普通科等の学校でも、第4章の事例のように、高校生がものづくりで学び、成長できる機会を少しでも増やしたいと願っています。

おわりに――小・中・高を一貫してものづくりに取り組む機会を保障しよう

私たちは、現代日本の学校教育で、子ども・青年のより良い発達のため、小学校・中学校・高等学校でものづくりに取り組む機会を充実させることが必要であると確信し、教育実践と研究を重ねてきました。その一環として、ものづくりを通して子どもたちは何を学び・どう成長しているのか、その学びと成長の姿を丁寧に読み解き、広く一般の方々と共有することを目的として、本シリーズの編集・刊行に取り組んできました。

※小学校版『小学校ものづくり10の魅力―ものづくりが子どもを変える―』一藝社、２０１６年

※中学校版『ものづくりの魅力―中学生が育つ技術の学び―』一藝社、２０１７年

本シリーズの編集過程で、私たちは、ものづくりを通して子どもたちが身の回りのもの、家族や友人などの身近な人、社会で働き生きている人々の見方を変えていく姿をみることができました。しかも、ものづくりの場合、子どもたちがこうした学びや成長に至る過程は、「勉強」と表現されるような苦役としての学習とは異なり、真剣な表情や充実感に満ちた笑顔に出会える魅力的な時間であることを、改めて認識しました。そして、私たちは、ものづくりが子ども・青年の人間らしい発達にとって必要不可欠であるという確信を深めることができました。

魅力的な活動でありながら、学校教育でものづくりにじっくりと取り組む機会が充分に用意されているとはいえない現状があります。学校教育でものづくりを主たる内容として位置付けている教科・活動は、小学校では図画工作科、中学校では技術・家庭科の技術分野、高等学校では工業科・農業科・水産科などの専門高校にしか存在しません。とりわけ、大多数の高校生が通う普通科では、必修としてのものづくりは皆無です。

私たちは本シリーズの刊行を端緒として、ものづくりの価値を理解する大人たちを増やし、子どもたちが思いっきりものづくりに取り組める機会を少しでも増やすために、さらに活動を継続していきたいと考えています。

（柴沼俊輔）

あとがき

本書は、技術教育研究会の左記有志グループが８回ほどの会合とＭＬなどによる協議を重ねて、編集しました。高校生が技術を学ぶ中で、自らが生きる道を具体的に探求し切り拓く姿をありのままに描き、技術教育の魅力を読み解く努力をしました。原案の執筆は左記６名が行いました。ワーキング・グループは、執筆者を含むメンバーで構成しています。

執筆・編集者（掲載順）

平舘善明（はじめに）（帯広畜産大学准教授・世話人）
鈴木隆司（第１章）（千葉大学教育学部教授・同附属小学校特命教諭併任）
島田育弘（第２章・コラム）（富山県立富山工業高等学校教諭）
辰巳育男（第３章）（東京工業大学附属科学技術高等学校教諭）
長嶋秀幸（第４章）（東京大学教育学部附属中等教育学校教諭）
柴沼俊輔（終章）（東京都立科学技術高等学校教諭・世話人）

ワーキング・グループ

長谷川雅康（世話人代表・技術教育研究会代表委員）、川俣純、田中喜美、直江貞夫、浅野陽樹、坂田桂一（世話人）、沼田和也、吉田喜一、内田徹、丸山剛史、竹谷尚人、中山義人、吉澤康伸、横尾恒隆、小嶋晃一、斎藤武雄、瀬川和義

一藝社の会長菊池公男氏、社長小野道子氏、編集部川田直美氏方には大変お世話になりました。記してお礼申し上げます。

高校生ものづくりの魅力

―実感のある学びで社会とつながる―

2019年5月24日　初版第1刷発行

編　者　技術教育研究会
発行者　菊池 公男

発行所　株式会社 一藝社
〒160-0014 東京都新宿区内藤町 1-6
Tel. 03-5312-8890　Fax. 03-5312-8895
E-mail : info@ichigeisha.co.jp
HP : http://www.ichigeisha.co.jp
振替　東京 00180-5-350802
印刷・製本　亜細亜印刷株式会社

ISBN 978-4-86359-193-6 C3037

一藝社の本

A5判　　定価（本体900円＋税）

ISBN 978-4-86359-112-7

小学校 ものづくり 10の魅力

ものづくりが子どもを変える

第１章　ものづくりの魅力を考える
第２章　学級集団の中で
第３章　教科の中で
第４章　図画工作科で広がる学びの可能性
第５章　ものづくりが子どもを変える

ものづくりの魅力

中学生が育つ技術の学び

第１章　道具には夢がある
第２章　ダイコンは人々の人生の結晶
第３章　テーブルタップ実習
第４章　技術を学ぶ文化

A5判　　定価（本体1,000円＋税）

ISBN 978-4-86359-133-2